Computer Architecture

& Operating System Note

컴퓨터 구조와
운영체제
핵심 노트

서지영 지음

길벗

이 책은 개발자를 포함하여 IT 분야에 입문하려는 분을 위한 책입니다. 일반적으로 컴퓨터 구조와 운영체제는 우리가 눈으로 보면서 개념을 이해할 수 있는 것이 아니기 때문에 학습하기 어려운 분야입니다. 하지만 이 책은 그림으로 핵심만 쉽게 이해할 수 있게 설명하여 면접이나 시험에 대비하기 위한 용도로 활용하면 좋습니다. 따라서 이 책은 다음과 같은 분이 보면 좋습니다.

- IT 분야에 입문하려는 사람
- IT 분야 취업을 위해 빠르게 핵심 내용을 익혀야 하는 학생
- IT 분야 취업 후, 컴퓨터/운영체제 지식이 필요한 사람
- 컴퓨터 원리를 이해하려는 개발자

컴퓨터 구조와 운영체제는 IT 분야에 취업하기 위해 알아야 할 필수 과목입니다. 면접이나 시험에 빠지지 않고 등장하기 때문입니다. 이 책으로 면접이나 시험을 준비하는 분이 모두 합격의 영광을 누리시기를 기원합니다.

마지막으로 이 책의 방향성을 잡아 주고 완성도를 높여 주신 길벗 출판사 이원휘 차장님과 집필에만 전념할 수 있도록 헌신의 모범이 되어 주신 어머니, 송금자 여사님께 감사의 인사를 드립니다.

서지영

독자의 1초를
아껴주는 정성을
만나보세요!

세상이 아무리 바쁘게 돌아가더라도 책까지 아무렇게나 빨리 만들 수는 없습니다.

인스턴트 식품 같은 책보다 오래 익힌 술이나 장맛이 밴 책을 만들고 싶습니다.

땀 흘리며 일하는 당신을 위해 한 권 한 권 마음을 다해 만들겠습니다.

마지막 페이지에서 만날 새로운 당신을 위해 더 나은 길을 준비하겠습니다.

컴퓨터 구조와 운영체제 핵심 노트
Computer Architecture & Operating System Note

초판 발행 · 2024년 5월 30일

지은이 · 서지영
발행인 · 이종원
발행처 · (주)도서출판 길벗
출판사 등록일 · 1990년 12월 24일
주소 · 서울시 마포구 월드컵로 10길 56(서교동)
대표 전화 · 02)332-0931 | **팩스** · 02)323-0586
홈페이지 · www.gilbut.co.kr | **이메일** · gilbut@gilbut.co.kr

기획 및 책임편집 · 이원휘(wh@gilbut.co.kr) | **디자인** · 최주연 | **제작** · 이준호, 손일순, 이진혁
영업마케팅 · 임태호, 전선하, 차명환, 박민영, 지운집, 박성용 | **유통혁신** · 한준희 | **영업관리** · 김명자 | **독자지원** · 윤정아

교정교열 · 이미연 | **전산편집** · 박진희 | **출력 · 인쇄 · 제본** · 금강인쇄

ISBN 979-11-407-1009-6 93000
(길벗 도서번호 080417)

정가 25,000원

독자의 1초를 아껴주는 정성 길벗출판사

(주)도서출판 길벗 | IT교육서, IT단행본, 경제경영, 교양, 성인어학, 자녀교육, 취미실용 www.gilbut.co.kr
길벗스쿨 | 국어학습, 수학학습, 어린이교양, 주니어 어학학습, 학습단행본 www.gilbutschool.co.kr

페이스북 · www.facebook.com/gbitbook

✔ 책 소개와 특징

이 책은 면접이나 시험을 준비하는 분을 위한 것입니다. 컴퓨터 구조와 운영체제라는 과목은 내용이 방대하면서 이해하기가 쉽지 않습니다. 게다가 시험을 준비하면 늘 시간에 쫓기기 마련입니다. 이 책은 이러한 분을 위해 그림 위주로 핵심 개념만 설명합니다. 즉, 이 책의 특징은 다음과 같습니다.

• 그림으로 개념을 쉽게 설명

• 단원마다 핵심 요약과 확인 문제로 학습 이해도 측정

• 개념을 간단히 설명하므로 면접 및 시험 준비에 적합

따라서 이 책은 IT 분야에 막 들어서려는 분이 쉽게 읽어 볼 만한 책입니다.

✔ 대상 독자

이 책의 독자는 명확합니다. 컴퓨터 구조와 운영체제를 학습해야 하는, 다음과 같은 분입니다.

• IT 분야에 취업하려는 학생

• 컴퓨터 구조와 운영체제의 원리를 이해하려는 개발자

• 기사나 기술사와 같이 컴퓨터 관련 자격증을 준비하는 사람

컴퓨터 구조와 운영체세가 이해하기 쉬운 분야는 아닙니다. 또한 인문계열에서 공부한 학생이라면 더욱더 개념을 이해하기 어려울 수 있습니다. 하지만 이 책을 이용하면 핵심 원리만 그림으로 설명하기 때문에 쉽게 이해할 수 있습니다.

✔ 책의 구성

이 책은 두 부분으로 나뉘어 있습니다. 1부에서는 컴퓨터 구조에 대해 이야기합니다. 컴퓨터 구조는 주로 하드웨어와 관련한 것으로 CPU, 기억 장치, 입출력 장치(**예** 키보드, 마우스 등)의 개념을 살펴보고 이들이 어떻게 유기적으로 연계되어 동작하는지 배웁니다.

2부에서는 운영체제를 다룹니다. 운영체제는 애플리케이션이 동작하기 위한 기반을 말합니다. 컴퓨터 구조는 CPU, 기억 장치 등을 눈으로 확인할 수 있지만(컴퓨터를 분해하거나 인터넷에서 구성 요소를 검색하면 확인할 수 있습니다) 운영체제는 애플리케이션이 운영체제와 어떻게 유기적으로 연결되어 동작하는지 눈으로 확인할 수 없기 때문에 좀 더 어려운 과목입니다.

정리하면 이 책의 구성은 다음과 같습니다.

- **컴퓨터 구조**: CPU, 기억 장치와 같은 컴퓨터의 하드웨어 장치 및 이들의 동작 과정
- **운영체제**: 운영체제가 컴퓨터 구조와 어떻게 통신하며, 애플리케이션을 어떻게 실행시키는지에 대한 동작 과정

하지만 이 둘은 서로 연계되어 동작하므로 이들을 별개로 학습하는 것이 아니라 전체를 아우를 수 있게 학습해야 합니다.

✔ 예제 소스

컴퓨터 구조를 쉽게 설명하기 위해 중간에 예제 소스를 추가했습니다. 코드는 어셈블리 언어, 자연어 등을 다룹니다. 물론 중간중간 파이썬, C와 같은 고급언어도 다루지만, 개발자가 아닌 경우 이런 언어를 이해하지 못할 수도 있습니다. 이럴 때는 코드를 이해하려 하지 말고 '이런 방식으로 사용되는구나' 정도로만 눈으로 보고 넘어가세요.

내용이 알차다. 처음 컴퓨터 구조에 접근하는 사람이 매우 어려워하는 하드웨어 밑바닥 얘기를 자세히 설명해 준다. 특히 메모리 인터리빙이나 TCM 같은 내용은 너무 깊게 들어가지 않으면서도 일목요연하게 잘 설명한다.

최희욱 | 한컴 10년 차

'핵심 노트'라는 취지 그대로 전공지식을 습득하고 면접을 준비하는 사람에게 최고의 책입니다. 중간중간 그림으로 잘 설명되어 이해하는 데 정말 많이 도움이 됩니다. 책에서 주로 다루는 내용은 컴퓨터 하드웨어와 동작 과정입니다. CPU, 메모리, 디스크 등이 어떻게 데이터를 주고받는지 어떻게 동작하는지 세부적으로 배울 수 있습니다.

IT를 다룬다는 것은 결국 여기서부터 출발하지 않나 싶습니다. 인프라 엔지니어라면 뭐 하나 놓칠 게 없는 내용입니다. 개발자라도 데이터가 메모리에 어떻게 적재되는지 알아야 효율적으로 코드를 구성할 수 있으니까요. 면접뿐만 아니라 IT인이라면 알아야 할 필수 지식이므로 강력 추천하는 책입니다.

이장훈 | 데브옵스 엔지니어 4년 차

학부 시절 컴퓨터의 구조와 운영체제를 배웠던 기초 내용과 핵심이 잘 담겨 있는 책입니다. 어려운 내용과 혼동하기 쉬운 용어를 그림과 표로 정리하여 기초 개념을 쉽게 이해하는 데 도움이 되도록 구성했습니다. 그리고 매 장 마지막 부분에 핵심 내용 요약과 문제가 있어서 이해도를 측정할 수 있었습니다.

컴퓨터 구조와 운영체제 개념을 잘 이해하지 못했거나 어려웠던 분, 기술 면접에 대비하기 위해 핵심 내용을 정리하고 싶은 분 모두에게 추천합니다.

최인주 | 에스에스지닷컴, 백엔드 개발자

IT 산업에서 살아남을 수 있는 필수 OS 지식을 그림과 함께 어떻게 동작하는지 순차적으로 알기 쉽게 설명했습니다. 학부 때 운영체제 과목을 들었으나 두께의 압박으로 유명한 공룡 운영체제 책에서 개념을 습득하는 데 실패한 IT 엔지니어에게, 또는 전산 관련 학부가 아닌 개발자에게, 또는 OS 관련 지식 없이 서버를 운영하거나 개발을 하는 엔지니어에게, OS 개념을 습득할 수 있는 이 책의 일독을 권합니다.

최규민 | 국가정보자원관리원, 공무원

꼭 알아야 하는 내용을 그림과 함께 잘 설명합니다. 빠른 시일 안에 컴퓨터 구조와 운영체제 내용을 정리해야 하는 분에게 도움이 될 것입니다. 전체 분량이 많지 않고, 각 장이 작은 단위로 분할되어 있어 필요할 때마다 빠르게 찾아보기 좋은 구조입니다. 이 책으로 전체 개념을 정리하고, 만약 세부 주제를 더 깊고 자세하게 파고 싶을 경우에는 더 난이도가 있는 도서로 보강하면 더 단단하게 지식을 구축할 수 있을 것입니다.

이근호 | Qualcomm AI Research, Machine Learning Engineer

운영체제를 포함한 컴퓨터 전반의 원리에 대해서 군더더기 없이 깔끔하게, 그리고 친절하게 안내합니다. 아주 깊이 있는 내용까지 다루는 책은 아니므로 컴퓨터 원리나 운영체제 원리를 가볍게 학습하고 정리하려는 사람에게 추천합니다.

전봉규 | LG CNS 융합보안팀, 시스템 프로그래머

최신판 도서답게, 그림을 상세하게 묘사해 독자가 이해하기 쉽게 설명하려는 작가의 노력이 보입니다. 학부 1학년 때 보면 좋을 것 같습니다. 쓸데없는 내용이 많아 난잡한 책도 있는데, 이 책은 정말 필요한 내용만 설명하기 때문입니다. 또한, 다음 장으로 넘어가기 전에 핵심 요약으로 배운 내용을 정리할 수 있게 도와주고, 문제도 바로 풀어 보면서 제대로 이해했는지 확인할 수 있어 정말 만족스러운 입문서였습니다.

추상원 | 대구대학교 정보보호전공, 공군 정보보호병 **CERT**

이 책을 읽으며 비전공자로 시작한 개발 1년 차 시절이 떠올랐습니다. 당시에는 CS 기초 지식이 많이 부족하여 전통적인 CS 교육 과정을 따라 공부했는데, 그때 이 책을 알았더라면 학습에 많은 도움이 되었을 것입니다. CS 지식을 간략하게 훑어보고 싶은 이에게 좋은 출발점이 될 책입니다.

조유민 | 플랜잇스퀘어, 애플리케이션 개발자 3년 차

비전공자도 쉽게 컴퓨터 구조와 운영체제를 공부할 수 있는 책입니다. 핵심 개념을 풍부한 그림과 함께 간단명료하게 설명합니다. 특히 용어에 대한 한 줄 정리가 비전공자에게 많은 도움이 될 것 같습니다. 참고로 이 책을 읽고 〈컴퓨터 밑바닥의 비밀〉까지 읽으면 더 시너지 효과가 날 것입니다.

이학인 | 대법원, 공무원

1부 | 컴퓨터 구조

1부

컴퓨터 구조

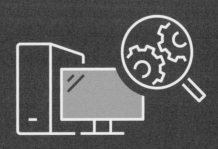

컴퓨터 구조는
왜 알아야 하나요?

컴퓨터 구조는 컴퓨터의 물리적 구성과 동작 방식을 설명하는 분야입니다.

컴퓨터의 물리적 구성에는 CPU라는 이름으로 많이 알고 있는 중앙 처리 장치, 메모리나 하드 디스크 드라이버 같은 기억 장치, 키보드나 마우스 같은 입출력 장치 등이 있습니다. 이러한 구성 중 하나라도 없으면 컴퓨터는 동작하지 않습니다. 물론 컴퓨터의 구성이나 동작 방식을 이해하지 못한다고 해서 컴퓨터를 사용하지 못하는 것은 아닙니다. 하지만 컴퓨터가 갑자기 느려지거나 문제가 발생했을 때 아무것도 몰라 손 놓고 있는 것보다 '아, 여기에 문제가 있겠구나'라고 유추하여 스스로 문제를 해결해 볼 수 있는 것이 더 좋지 않을까요?

그리고 컴퓨터를 사용하면서 '오피스와 같은 응용 소프트웨어(프로그램)는 어떻게 동작하는 걸까?'라는 의문을 한 번쯤 가져보지 않았나요? 이제부터 이런 질문에 대한 해답을 하나씩 알아봅시다.

1.1 / 컴퓨터의 구성 요소
SECTION

컴퓨터 시스템은 크게 소프트웨어와 하드웨어로 구성됩니다. 먼저 소프트웨어는 다음과 같이 운영체제와 응용 소프트웨어(프로그램)로 구분됩니다. 우리가 일반적으로 많이 사용하는 운영체제는 윈도우가 있으며, 응용 소프트웨어는 오피스가 있습니다.

▼ **그림 1-1** 소프트웨어 구성

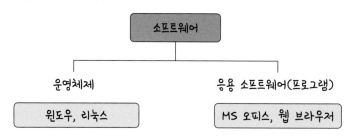

반면에 하드웨어는 구성이 좀 더 복잡합니다. 다음과 같이 중앙 처리 장치(Central Processing Unit, 이하 CPU), 기억 장치, 입출력 장치로 구성됩니다.

- **CPU**: 컴퓨터의 두뇌로, 프로그램을 실행하고 데이터를 처리하는 핵심 역할을 합니다.
- **기억 장치**: 데이터와 프로그램 명령어를 저장하는 공간입니다. 명령어는 3장에서 자세히 다룹니다.
- **입출력 장치**: 컴퓨터와 외부 장치 간에 정보를 교환할 수 있는 장치입니다. 이때 외부 장치로는 키보드, 마우스, 모니터 등이 있습니다.

▼ **그림 1-2** 하드웨어 구성

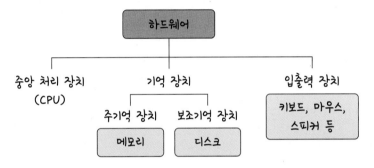

이외에도 시스템 버스라는 것이 있습니다. 시스템 버스는 CPU, 기억 장치, 입출력 장치 간에 데이터(혹은 명령어) 전달을 담당하는 통신 경로입니다.

운영체제는 2부에서 배울 예정이므로 1부에서는 하드웨어에 집중하여 학습합니다.

1.2 SECTION / 컴퓨터의 기본 구조

컴퓨터는 앞에서 배운 하드웨어들의 조합으로 구성됩니다. 즉, CPU, 기억 장치, 입출력 장치가 컴퓨터를 구성하는 기본 구조입니다. 그리고 이들 간 데이터 및 명령어 전달은 시스템 버스가 담당합니다.

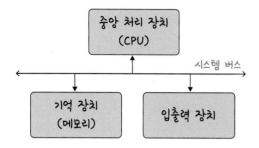

▼ **그림 1-3** 컴퓨터 기본 구조

1.2.1 CPU

컴퓨터의 두뇌로, 계산을 수행하거나 명령어를 처리하기 위해 '산술·논리 장치'와 '제어 장치'가 사용됩니다.

산술·논리 장치(Arithmetic Logic Unit, ALU)는 쉽게 설명하면, 컴퓨터가 수학적 계산을 수행하는 '계산기'입니다. CPU 내부에 있으며 산술 연산(덧셈, 뺄셈 등)과 논리 연산(AND, OR, NOT 등)을 수행합니다.

제어 장치(Control Unit, CU)는 컴퓨터에서 '지휘자'와 같은 역할을 합니다. 컴퓨터 안에는 많은 부품이 있고 각자 맡은 바대로 일하는데, 제어 장치는 이 모든 부품이 제대로, 그리고 올바른 순서로 일하도록 지시합니다.

예를 들어 우리가 컴퓨터에 어떤 작업을 지시할 때, 제어 장치는 먼저 그 작업을 어떻게 수행할지 계획을 세웁니다. 그런 다음 메모리에서 필요한 정보를 가져오거나 산술·논리 장치에 계산을 수행하라고 지시하고 그 결과를 어디에 저장할지 결정합니다.

1.2.2 기억 장치

기억 장치는 컴퓨터에 데이터를 저장하는 장치입니다. 일반적으로 임시 저장을 위한 주기억 장치와 영구 저장을 위한 보조기억 장치라는 두 가지 주요 유형으로 나뉩니다.

주기억 장치는 CPU가 직접 접근할 수 있는 메모리로 램(Random Access Memory, RAM)이라고도 부릅니다. 여기에는 CPU가 현재 처리 중인 데이터와 명령어가 일시적으로 저장됩니다.

보조기억 장치는 주기억 장치보다 더 큰 용량을 사용할 수 있으며 데이터를 영구적으로 저장합니다. 대표적으로 하드 디스크 드라이브(HDD), CD/DVD 등이 있습니다.

주기억 장치와 보조기억 장치의 특징을 구분하여 표로 정리했습니다.

▼ **표 1-1** 주기억 장치와 보조기억 장치

구분	주기억 장치	보조기억 장치
휘발성	전원이 꺼지면 저장된 정보가 삭제됩니다.	전원이 꺼져도 데이터를 유지합니다.
데이터 접근 속도	CPU가 직접 접근할 수 있기 때문에 속도가 빠릅니다.	주기억 장치에 비해 데이터 접근 속도가 느립니다.
저장 용량	보조기억 장치에 비해 상대적으로 용량이 작습니다.	대용량 데이터 저장이 가능합니다.
가격	상대적으로 비쌉니다.	주기억 장치보다 저렴합니다.
CPU 접근	직접 접근할 수 있습니다.	일반적으로 주기억 장치를 통해 접근합니다.

특징을 살펴봤을 때 주기억 장치만 사용해도 좋을 것 같지만, 영구적으로 저장해야 하는 데이터를 보관할 때는 보조기억 장치를 사용해야 합니다. 즉, 용도가 다르기 때문에 주기억 장치, 보조기억 장치 모두 컴퓨터를 구성하는 데 필요하죠.

> **노트**
>
> **유사한 이름들**
>
> 기억 장치는 컴퓨터에 데이터를 저장하는 장치라고 했죠? 즉, 기억 장치는 컴퓨터에서 데이터를 저장하는 모든 장치를 말하며 주기억 장치와 보조기억 장치를 모두 포괄합니다.
> 일반적인 상황에서 메모리, 램이라는 이름이 주기억 장치와 같은 의미로 사용되기도 합니다.
>
> • **주기억 장치**: CPU가 직접 접근하여 데이터를 읽고 쓸 수 있는 임시 저장소입니다.
> • **메모리**: 주로 주기억 장치를 의미하며 CPU가 직접 접근할 수 있는 저장 공간을 말합니다.
> • **램**: 주기억 장치의 한 형태로, 데이터를 임시로 저장하는 데 사용합니다.
>
> 정리하면 주기억 장치, 메모리, 램이 모두 같은 의미로 사용되고, 기억 장치는 컴퓨터 내 모든 유형의 데이터 저장 장치를 가리키는 데 사용됩니다. 따라서 이 책에서도 이 용어들을 다음과 같이 사용합니다.
>
> 기억 장치 > 주기억 장치 = 메모리 = 램

1.2.3 입출력 장치

입출력 장치(Input/Output device, 줄여서 I/O 장치라고도 부릅니다)는 컴퓨터와 사용자 간에 데이터를 교환하는 데 사용하는 장치입니다. 즉, 입출력 장치는 데이터를 입력받고, 출력하는 역할을 수행하여 사용자가 컴퓨터와 상호작용할 수 있도록 도와줍니다. 대표적으로 키보드, 마우스, 모니터, 프린터 등이 있습니다.

1.2.4 시스템 버스

눈에는 보이지 않지만 시스템 버스(system bus)라는 것도 있습니다. 시스템 버스는 CPU, 기억 장치, 입출력 장치 간에 데이터를 주고받기 위한 통신 경로입니다.

시스템 버스는 주로 세 유형으로 구분합니다.

- **주소 버스(address bus)**: 메모리의 특정 위치를 지정할 때(예 CPU가 메모리의 특정 위치에 데이터를 읽거나 쓸 때) 사용합니다.
- **데이터 버스(data bus)**: 실제 데이터가 이동하는 통로입니다.
- **제어 버스(control bus)**: CPU, 메모리와 입출력 장치 사이 제어 신호(예 읽기/쓰기, 버스 요청)와 상태 신호(예 버스 사용 중(busy) 신호, 인터럽트 인지)를 전송하는 데 사용합니다.

▼ **그림 1-4** 시스템 버스

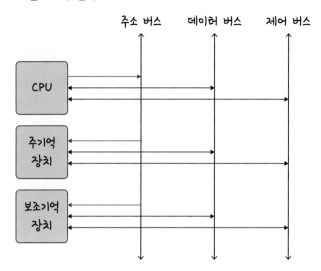

예를 들어 CPU가 메모리에 데이터를 저장하라고 명령을 내리면 시스템 버스는 다음과 같이 동작합니다.

❶ CPU는 제어 버스를 통해 메모리에 '쓰기' 작업을 해야 한다는 신호를 보냅니다.

❷ CPU는 주소 버스를 통해 메모리의 어떤 위치에 데이터를 저장해야 하는지를 지정합니다.

❸ 메모리는 제어 버스로부터 받은 '쓰기' 신호를 인식하고 주소 버스로부터 전달받은 주소 위치에 데이터를 저장합니다. 이때 데이터는 데이터 버스를 통해 이동하고요.

이러한 방식으로 시스템 버스는 컴퓨터 내 다른 장치와 서로 협력하여 데이터를 정확한 시간, 올바른 위치에, 적절한 방식으로 처리하도록 도와줍니다.

1.3 SECTION / 핵심 요약

1. 컴퓨터 시스템은 크게 하드웨어와 소프트웨어로 구성됩니다.

2. 소프트웨어는 운영체제와 응용 소프트웨어(프로그램)로 구성됩니다.

3. 하드웨어는 중앙 처리 장치, 기억 장치, 입출력 장치로 구성됩니다.

4. 중앙 처리 장치에는 산술 · 논리 장치와 제어 장치가 있습니다.

5. 주기억 장치는 데이터를 임시로 저장하며, 보조기억 장치는 데이터를 영구적으로 저장합니다.

6. 시스템 버스에는 주소 버스, 데이터 버스, 제어 버스가 있습니다.

1.4 SECTION / 확인 문제

1. (   )은/는 컴퓨터가 수학적 계산을 수행하는 '계산기'와 같은 역할을 하는 장치를 말합니다.

2. (   )은/는 컴퓨터에서 '지휘자'와 같은 역할을 하는 장치입니다.

3. 주기억 장치는 CPU가 직접 접근할 수 있는 메모리로 (   )(이)라고도 부릅니다.

4. (   )은/는 전원이 꺼져도 데이터를 유지하는 기억 장치입니다.

5. (   )은/는 컴퓨터와 사용자 간에 데이터를 교환하는 데 사용하는 장치입니다.

6. (   )은/는 실제 데이터가 이동하는 통로입니다.

정답
1. 산술·논리 장치   2. 제어 장치   3. 램(RAM)   4. 보조기억 장치   5. 입출력 장치   6. 데이터 버스

컴퓨터는 정보를
어떻게 처리하나요?

인간은 언어로 소통합니다. 컴퓨터도 언어가 있을까요? 컴퓨터가 인식하는 것은 오직 0과 1뿐인데요. 그렇다면 컴퓨터가 어떻게 인간의 언어를 인식할 수 있는지 알아보겠습니다.

2.1 SECTION / 컴퓨터의 데이터 처리 단위: 이진수

인간이 숫자를 표현할 때는 10진수를 사용합니다. 하지만 복잡한 연산도 빠른 시간에 계산해내는 컴퓨터는 단순하게도 0과 1만 인식합니다. 인간에게는 한국어, 영어 등 다양한 언어가 있지만 모든 컴퓨터에는 0과 1만 있습니다. 이렇게 0과 1, 둘만 존재한다고 하여 이진수(binary)라고도 하고요.

컴퓨터가 0과 1을 인식하는 원리를 이해하기 위해서는 컴퓨터의 구성 요소인 트랜지스터를 이해해야 합니다. 트랜지스터(transistor)는 전기 신호를 스위치처럼 켜고 끌 수 있는 반도체 기기로, 스위치가 켜지면 1, 꺼지면 0을 의미합니다. 이때 1과 0은 각각 고전압과 저전압 상태를 의미합니다.

▼ **그림 2-1** 트랜지스터

이 원리로 컴퓨터가 1과 0을 인식합니다. 결국 우리가 워드에 작성한 문서 역시 궁극적으로는 이진수로 변환되어 메모리에 저장되는 것입니다.

노트

10진수 10을 이진수로 변환하는 방법

❶ 10을 2로 나눕니다: 몫은 5, 나머지는 0

❷ 몫 5를 다시 2로 나눕니다: 몫은 2, 나머지는 1

❸ 몫 2를 다시 2로 나눕니다: 몫은 1, 나머지는 0

❹ 마지막으로 몫 1을 2로 나눕니다: 몫은 0, 나머지는 1

이제 나머지를 ❹부터 ❶까지 거꾸로 읽으면 10진수 10은 이진수로 1010이 됩니다.

▼ **그림 2-2** 10진수 10을 이진수로 변환

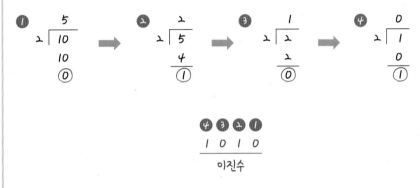

2.2 / 컴퓨터의 데이터 처리 과정
SECTION

개발자가 자바(Java)나 파이썬(Python) 같은 프로그래밍 언어를 사용해 코드를 작성했다고 합시다. 컴퓨터는 이 코드를 이해할 수 없습니다. 컴퓨터가 자바 같은 고급언어의 코드를 이해하기 위해서는 다음과 같은 과정이 필요합니다.

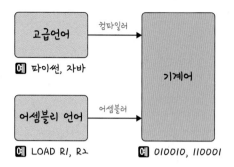

▼ **그림 2-3** 고급언어 변환 과정

고급언어(high level language, 고수준 프로그래밍 언어)는 사람이 이해하기 쉬운 프로그래밍 언어를 말하며, 파이썬, 자바 등이 있습니다. 이러한 언어로 작성된 프로그램은 컴파일이라는 과정을 거쳐서 기계어로 변환됩니다. 따라서 컴파일러는 고급언어를 기계어로 바꿔 주는 프로그램을 의미합니다.

다음은 파이썬으로 작성한 코드에 대한 예시입니다. 사람이 이해하기 쉽게 상당히 직관적이죠?

코드

```python
# 두 변수를 정의합니다.
a = 5
b = 3

# 두 변수를 더합니다.
sum = a + b

# 결과를 출력합니다.
print(sum)
```

반면에 어셈블리 언어(assembly language)는 조금 더 기계어에 가까운 언어로, 기호(예 MOV, ADD, SUB 등)나 명령어를 사용하여 컴퓨터의 하드웨어를 제어합니다.

다음은 어셈블리 언어에 대한 예시입니다. 어셈블리 언어로 작성한 코드에서 ; 기호는 주석을 의미합니다.

코드

```
MOV AX, 5    ;AX 레지스터에 5를 이동합니다.
ADD AX, 2    ;AX 레지스터 값에 2를 더합니다.
```

앞에서 사용한 명령어의 의미는 다음과 같습니다.

* MOV: 이동(move)을 의미하는 것으로, 데이터를 레지스터[1]에 이동(저장)하는 명령어
* ADD: 레지스터의 값에 특정 값을 더하는 연산 명령어

어셈블리 언어는 고급언어와 기계어 중간에 위치하기 때문에 0과 1로만 구성된 기계어와 비교하면 그나마 사람이 이해하기 쉽습니다.

어셈블리 언어로 작성된 코드는 어셈블 과정을 거쳐 기계어로 변환됩니다. 따라서 어셈블러는 말 그대로 어셈블리 언어를 기계어로 바꿔 주는 프로그램을 의미하며, 기계어는 다음과 같은 형태를 취합니다.

001 (연산코드)	010010 (오퍼랜드)

연산코드(OpCode)는 어떤 연산을 수행할 것인지를 명시하고, 오퍼랜드(operand)는 그 연산을 수행할 데이터나 데이터가 저장된 위치를 나타냅니다.

그럼 어셈블리 언어를 기계어와 매핑해 볼까요? AL 레지스터에 1을 이동(저장)하는 어셈블리 언어를 먼저 작성합니다.

코드

```
MOV AL, 1
```

---

1   CPU 내부에 있는 매우 빠른 저장 장치

이후 어셈블 과정을 거치면 다음과 같이 기계어로 변환됩니다.

```
10110000 00000001
```

여기서 10110000은 연산코드를 나타내며, 00000001은 데이터를 의미합니다.

고급언어, 어셈블리 언어, 기계어를 더하기 연산 예시로 정리하면 다음과 같습니다.

▼ **표 2-1** 고급언어, 어셈블리 언어, 기계어 예시

언어	예시
고급언어	R3 = R1 + R2
어셈블리 언어	ADD R1, R2
	STORE R3
기계어	10110000 00000001
	11000011 01010111

2.3 SECTION 핵심 요약

1. 인간이 이해하는 숫자는 10진수입니다.

2. 컴퓨터가 이해하는 것은 0과 1의 이진수입니다.

3. 고급언어는 파이썬, 자바와 같이 사람이 이해하기 쉬운 프로그래밍 언어를 말합니다.

4. 어셈블리 언어는 고급언어와 기계어 중간에 위치한 언어로, 기호나 명령어를 사용하여 컴퓨터의 하드웨어를 제어합니다.

5. 기계어는 연산코드와 오퍼랜드로 구성됩니다.

확인 문제

1. 고급언어와 어셈블리 언어는 컴퓨터가 이해할 수 있는 ( )(으)로 변환됩니다.

2. 기계어는 ( )와/과 ( )의 이진수로 구성됩니다.

3. ( )은/는 고급언어를 기계어로 바꿔 주는 프로그램을 의미합니다.

4. ( )은/는 어셈블리 언어를 기계어로 바꿔 주는 역할을 합니다.

5. ( )은/는 어떤 연산을 수행할 것인지를 명시하고, ( )은/는 그 연산을 수행할 데이터나 데이터가 저장된 위치를 나타냅니다.

정답

1. 기계어   2. 0, 1   3. 컴파일러   4. 어셈블러   5. 연산코드, 오퍼랜드

컴퓨터는 명령어를
어떻게 처리하나요?

컴퓨터가 '마이크로소프트 오피스'라는 응용 프로그램을 실행하려면 내부에서는 얼마나 많은 작업을 처리해야 할까요? 그 과정을 이해하기 위해서는 먼저 '명령어'라는 개념부터 이해해야 합니다. 지금부터 명령어가 무엇인지, 어떻게 동작하는지 알아보겠습니다.

3.1 / 명령어 유형

명령어(instruction)는 컴퓨터에 특정한 작업을 수행하도록 지시하는 기본 단위입니다. 예를 들어 옆사람에게 '진희한테 전화 좀 해 줘'라고 하는 것도 명령어에 해당되지요. 똑같이 CPU에 '오피스를 실행해 줘'라고 지시하는 것도 명령어입니다. 단지 컴퓨터가 이해할 수 있는 수준으로 바꿔 주는 것만 다를 뿐이죠.

컴퓨터가 이해할 수 있는 명령어는 다음과 같은 형태를 갖습니다.

연산코드	오퍼랜드

앞에서 봤던 기계어와 유사하죠? 컴퓨터가 직접 이해하고 실행하는 명령어의 집합이 바로 기계어이기 때문입니다.

다시 명령어로 돌아와서, 어셈블리 언어에서의 명령어 유형은 다음 표와 같습니다.

▼ 표 3-1 연산코드의 명령어 유형

명령어 유형	설명	명령어
데이터 전송 명령어	데이터를 메모리에서 레지스터로 이동하는 명령어	LOAD, STORE, MOVE, PUSH, POP
산술 연산 명령어	사칙 연산을 수행하는 명령어	ADD, SUB, MUL, DIV
논리 연산 명령어	참, 거짓을 나타내는 연산을 수행하는 명령어	AND, OR, XOR, NOT
분기 명령어	다음에 실행될 명령어를 지정하는 명령어	JUMP, CALL, RETURN

명령어 사용 방법을 몇 가지만 예시로 알아보겠습니다.

▼ **표 3-2** 연산코드의 명령어 예시

명령어	설명
PUSH A	A의 값을 메모리에 삽입
MOVE R1, A	A의 값을 R1으로 이동
ADD R1, A, B	A와 B를 더해서 R1에 저장

그런데 명령어의 구조가 모두 다르죠? PUSH라는 명령어 뒤에는 한 값만 따라오고, ADD 라는 명령어에는 세 값이 따라옵니다. 이와 같이 명령어(연산코드) 뒤에 따라오는 값(오퍼 랜드)의 개수에 따라 다음과 같이 0주소 명령어부터 3주소 명령어까지 나눌 수 있습니다.

▼ **그림 3-1** 주소 명령어 분류

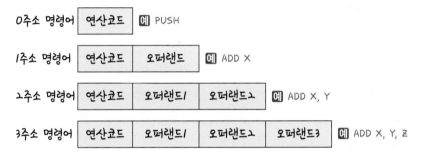

0주소 명령어를 자세히 보면 오퍼랜드 부분이 없습니다. 오퍼랜드 정보를 컴퓨터가 미리 알고 있다고 가정하기 때문입니다. 예를 들어 점심시간마다 가는 식당이 있다고 가정해 봅시다. 누군가 "밥 먹으러 갑시다"라고 말하면, 특정 식당을 언급하지 않아도 사람들은 어디로 가야 할지 알고 있습니다. 여기서 "밥 먹으러 갑시다"는 명령어가 되고, 식당은 오퍼랜드가 됩니다. 즉, 0주소 명령은 오퍼랜드를 매번 명시하지 않아도 될 때 사용합니다. 대표적으로는 PUSH, POP 등이 있습니다.

1주소 명령어는 명령어에 하나의 주소(오퍼랜드)만 포함되는 구조로 'ADD X' 같은 연산이 사용됩니다.

2주소 명령어는 명령어에 두 주소(오퍼랜드)가 포함되는 구조로 'ADD X, Y'(X와 Y의 값을 더하고 결과를 X에 저장) 같은 명령어가 사용됩니다.

3주소 명령어는 명령어에 세 주소(오퍼랜드)가 포함되는 구조로 'ADD X, Y, Z'(Y와 Z를 더하고 결과를 X에 저장) 같은 명령어가 사용됩니다.

0주소 명령어의 경우 명령어 길이가 짧아 메모리 공간을 적게 차지하지만 연산의 유연성이 제한적일 수 있습니다. 반면에 3주소 명령어는 한 명령어 안에서 완전한 연산(데이터 읽어서, 연산을 수행하고, 결과를 저장)을 수행할 수 있어 유연하지만, 명령어 길이가 길어져 메모리 공간을 많이 차지하는 단점이 있습니다. 따라서 각 유형에 따른 장단점을 고려하여 사용해야 합니다.

3.2 / 명령어 주소 지정 방식
SECTION

주소 지정 방식이란 연산에 사용될 데이터가 메모리의 어디에 위치하는지 지정하는 방식입니다. 우리도 모르는 길을 찾아갈 때 한 번에 찾는 경우도 있지만 우회해서 어렵게 찾는 경우도 있잖아요. 데이터가 저장된 메모리 위치를 찾는 것도 비슷합니다.

3.2.1 직접 주소 지정

직접 주소 지정 방식(direct addressing mode)은 어셈블리 언어와 같은 프로그래밍에서 사용되는 주소 지정 방식 중 하나입니다. 이 방식은 명령어에 메모리 주소가 포함되기 때문에 CPU가 해당 주소에 있는 데이터에 직접 접근할 수 있습니다.

예를 들어 다음과 같은 명령어가 있다고 가정해 봅시다.

코드

```
LOAD R2, 1000
```

LOAD는 인출과 관련한 연산코드이며, R2는 레지스터, 1000은 메모리 주소를 나타냅니다. 즉, 메모리 주소 1000에 저장된 데이터에 접근하여 레지스터 R2로 가져오라는 명령입니다.

▼ **그림 3-2** 직접 주소 지정

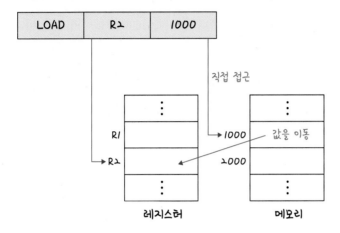

이 방식은 단순하고 이해하기 쉬우며 메모리에 직접 접근하기 때문에 실행 속도가 빠릅니다. 하지만 메모리 주소를 명령어에 직접 코딩해야 하기 때문에 프로그램을 수정할 때 변경할 게 많습니다.

3.2.2 간접 주소 지정

간접 주소 지정 방식(indirect addressing mode)은 명령어에 데이터가 있는 실제 메모리 주소를 직접 포함하지 않고, 대신 메모리 내 다른 위치를 가리키는 포인터를 사용합니다. CPU는 이 포인터를 통해 간접적으로 데이터에 접근합니다.

예를 들어 다음과 같은 명령어가 있다고 가정해 봅시다.

코드
```
LOAD A, (2000)
```

괄호 내 2000은 메모리 주소를 가리키는데, 이는 실제 데이터가 저장된 위치를 직접 나타
내는 것이 아니라 메모리 주소 2000에 저장된 값을 다시 메모리 주소로 사용한다는 것을
의미합니다. 명령어를 좀 더 자세히 살펴볼까요?

❶ 명령어 LOAD A, (2000)에 따라 메모리 주소 2000을 확인합니다.

❷ 메모리 주소 2000에서 3000이라는 값을 가져옵니다. 이때 3000은 데이터 값이 아니
　 라 메모리 주소를 의미합니다.

❸ 이제 CPU는 3000이라는 메모리 주소로 가서 실제 데이터를 가져옵니다.

❹ 그리고 그 데이터를 레지스터 A로 가져옵니다.

이 과정을 그림으로 표현하면 다음과 같습니다.

▼ **그림 3-3** 간접 주소 지정 방식 예시

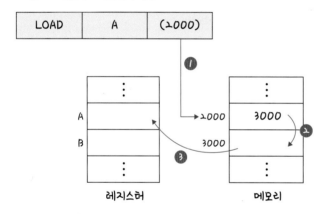

간접 주소 지정 방식은 데이터 위치가 자주 바뀌거나 복잡한 데이터 구조를 다룰 때 유용
합니다. 하지만 직접 주소 지정 방식에 비해 메모리 접근(❷, ❸에서 메모리 접근이 두 번
발생)이 추가되므로 실행 속도는 더 느릴 수 있습니다.

포인터

포인터(pointer)는 데이터가 아니라 데이터가 저장된 위치를 가리키는 숫자를 나타냅니다. 예를 들어 C언어
에서 포인터를 사용하는 예는 다음과 같습니다.

코드

```
int var = 15;  // 정수형 변수 선언
int *p = &var;  // var의 주소를 저장하는 포인터 p 선언

printf("var의 값: %d\n", var);  // var의 값 출력
printf("var의 주소: %p\n", (void *)&var);  // var의 주소 출력
printf("p가 가리키는 값: %d\n", *p);  // p로 var의 값을 간접 접근하여 출력
```

코드에 대한 출력값은 다음과 같습니다. 참고로 실제 출력 결과에서 var의 주소 부분은 실행할 때마다 달라질
수 있습니다.

실행 결과

```
var의 값: 15
var의 주소: 0x7ffeebf1764c
p가 가리키는 값: 15
```

3.2.3 즉시 주소 지정

즉시 주소 지정 방식(immediate addressing mode)은 데이터를 직접 명령어 안에 포함하는
방식입니다.

연산코드	데이터

즉, 메모리 주소나 레지스터를 통해 데이터를 참조하지 않고 명령어 자체가 데이터 값을
직접 담고 있습니다. 따라서 연산 처리 속도가 빠르고 효율적입니다.

예를 들어 다음과 같은 명령어가 있다고 가정해 봅시다.

```
MOV AX, 1234h
```

MOV는 데이터 전달 명령어이며, AX는 목적지 레지스터, 1234h는 16진수로 표현된 데이터 자체입니다. 따라서 이 명령어는 AX 레지스터에 16진수 값 1234h를 직접 할당하겠다는 의미입니다. 다시 말하지만 여기서 1234h는 메모리 주소나 다른 레지스터를 통해 참조되는 것이 아니라 명령어에 직접 포함된 값입니다.

3.2.4 레지스터 (직접) 주소 지정

레지스터 (직접) 주소 지정 방식(register addressing mode)은 메모리 대신 CPU 안에 있는 레지스터를 사용하는 방법입니다.

예를 들어 다음과 같은 명령어가 있다고 가정해 봅시다.

```
MOV R1, R2
```

이 명령어는 R2 레지스터의 내용을 R1 레지스터로 이동시키라는 의미입니다. 이때 R1과 R2 모두 레지스터입니다. 이 명령어는 레지스터를 직접 참조하기 때문에 속도가 빠릅니다.

▼ **그림 3-4** 레지스터 주소 지정

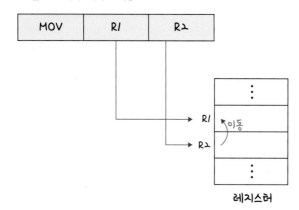

3.2.5 레지스터 간접 주소 지정

레지스터 간접 주소 지정 방식(register indirect addressing mode)은 CPU 내 레지스터를 사용하여 메모리 주소를 간접적으로 참조하는 주소 지정 방식입니다. 즉, 레지스터에 실제 데이터의 메모리 주소가 저장되어 있으며, 이 주소를 통해 데이터에 접근합니다.

예를 들어 다음과 같은 명령어가 있다고 가정해 봅시다.

```
MOV R1, [R2]
```

이 명령어는 R2 레지스터에 저장된 메모리 주소를 참조하여 그 위치의 데이터를 R1 레지스터로 이동시키라는 의미입니다. 여기서 대괄호([ ]) R2는 메모리 주소를 나타냅니다.

▼ **그림 3-5** 레지스터 간접 주소 지정

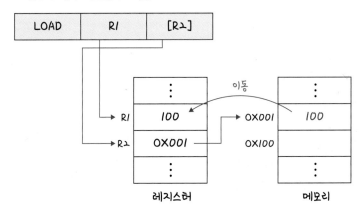

이 방식은 메모리 주소 자체가 레지스터에 저장되어 있을 때 유용합니다.

3.3 SECTION / 핵심 요약

1. 명령어 유형에는 데이터 전송 명령어, 산술 연산 명령어, 논리 연산 명령어, 분기 명령어가 있습니다.

2. 명령어는 오퍼랜드 개수에 따라 0주소 명령어부터 3주소 명령어까지 나눌 수 있습니다.

3. 명령어에 메모리 주소를 포함하는 것을 직접 주소 지정 방식이라고 합니다.

4. 명령어에 데이터가 있는 실제 메모리 주소를 직접 포함하지 않고, 메모리 내 다른 위치를 가리키는 포인터를 사용하는 것을 간접 주소 지정 방식이라고 합니다.

5. CPU 내 레지스터를 사용하여 메모리 주소를 간접적으로 참조하는 주소 지정 방식을 레지스터 간접 주소 지정 방식이라고 합니다.

3.4 SECTION / 확인 문제

1. 데이터 전송 명령어에는 (   ), (   )와/과 같은 것들이 있습니다.

2. 'ADD X, Y, Z' 명령어의 의미는 Y와 Z를 더하고 결과를 (   )하라는 뜻입니다.

3. 데이터가 저장된 위치를 가리키는 숫자를 (   )(이)라고 합니다.

4. (   ) 방식은 데이터를 직접 명령어 안에 포함하는 방식입니다.

5. (   ) 방식은 주소 지정 방식에서 메모리 대신 CPU 안에 있는 레지스터를 사용하는 방식입니다.

정답

1. PUSH, POP   2. X에 저장   3. 포인터   4. 즉시 주소 지정   5. 레지스터 (직접) 주소 지정

CPU는 어떤 원리로 동작하나요?

이제 본격적으로 CPU가 어떻게 동작하는지 알아보겠습니다. CPU는 컴퓨터의 핵심 구성 요소입니다. 따라서 프로그램을 실행할 때 CPU가 어떤 과정을 거쳐 어떤 역할을 수행하는지 자세히 알아 둘 필요가 있습니다.

4.1 / 제어 장치와 산술·논리 장치
SECTION

제어 장치와 산술·논리 장치는 1장에서도 잠깐 살펴봤습니다. 이것은 CPU가 명령어를 해석하고 연산이나 데이터 처리를 하는 데 중요한 역할을 하므로 여기서 다시 한번 자세히 살펴보겠습니다.

4.1.1 제어 장치

제어 장치(Control Unit, CU)는 명령어 실행 순서를 제어합니다. 즉, 명령어를 해석하고 실행에 대한 흐름을 제어하는 역할을 합니다. 예를 들어 다음과 같은 과정이 잘 진행될 수 있도록 흐름을 제어합니다.

❶ 기억 장치에 저장된 명령어를 가져와

❷ 명령어를 해석해 산술·논리 장치에 보냅니다.

❸ 그러면 산술·논리 장치는 계산을 실행하고

❹ 그 결과를 다시 기억 장치에 저장합니다.

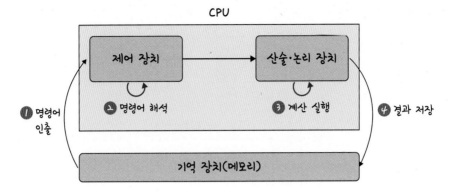

더 구체적으로, 다음과 같은 일련의 동작을 수행시키기 위한 신호를 발생시키는 것이 제어 장치입니다. 다시 말하지만, 제어 장치가 각 과정을 수행하는 것이 아니라 일련의 흐름에 따라 순차적으로 잘 수행될 수 있도록 신호를 발생시키는 역할을 합니다.

❶ **명령어 인출(fetch)**: 메모리 주소 0x001에 있는 명령어를 가져옵니다.

❷ **명령어 해석(decode)**: 0x001 주소에 있는 명령어는 'ADD R1, R2'입니다. 제어 장치는 '레지스터 R1과 R2의 값을 더해서 그 결과를 R1에 저장하라'고 명령어를 해석합니다.

❸ **명령어 실행(execute)**: ADD 명령어에 대해, 산술 · 논리 장치는 R1의 값을 R2의 값과 더합니다.

❹ **결과 저장(write back)**: 덧셈 연산의 결과를 R1 레지스터에 저장합니다.

이 과정을 그림으로 표현하면 다음과 같습니다.

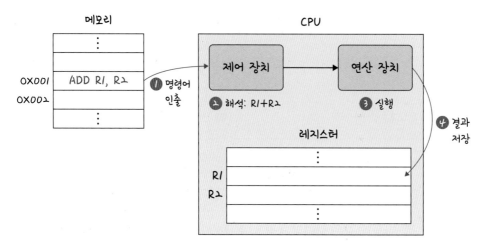

▼ **그림 4-2** 제어 장치의 동작 예

4.1.2 산술·논리 장치

산술 · 논리 장치(Arithmetic and Logic Unit, ALU)는 말 그대로 연산을 담당합니다. 연산은 크게 산술 연산과 논리 연산으로 나뉩니다. 산술 연산은 덧셈, 뺄셈, 곱셈, 나눗셈의 사칙 연산을, 논리 연산은 AND, OR, XOR, NOT 등과 같은 논리 값들 사이 연산을 의미합니다.

산술 연산

사칙 연산이라고 해서 우리가 알고 있는 대로 '2+2=4'라고 쓰는 것이 아니라, 다음과 같은 형태로 표현합니다. 어셈블리 언어로 작성한 'ADD R3, R1, R2'를 예시로 알아봅시다.

코드

```
LOAD R1, 0x1000      ;❶메모리 주소 0x1000에서 값을 읽어 R1 레지스터에 저장합니다.
LOAD R2, 0x1004      ;❷메모리 주소 0x1004에서 값을 읽어 R2 레지스터에 저장합니다.
ADD R1, R2           ;❸명령어를 해석합니다.
ADD R1, R2           ;❹R1과 R2를 더하는 연산을 실행합니다.
ADD R3, R1, R2       ;❺연산 결과를 R3 레지스터에 저장합니다.
```

이 과정을 그림으로 표현하면 다음과 같습니다.

▼ **그림 4-3** 사칙 연산 수행 과정

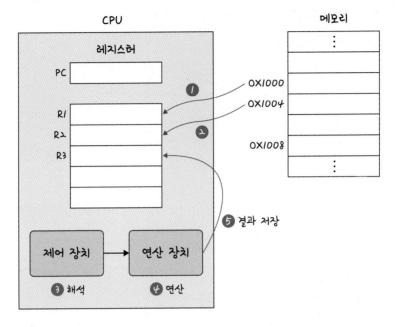

고급언어에서는 더 직관적인데요. 다음은 파이썬을 이용한 사칙 연산 예시입니다.

코드

```
a = 2
b = 2

result = a + b    # 덧셈
result = a - b    # 뺄셈
result = a * b    # 곱셈
result = a / b    # 나눗셈

print (result)    # 결과 확인
```

논리 연산

논리 연산은 앞에서도 잠깐 언급했듯이 주로 참(true) 또는 거짓(false)으로 표현되는 논리 값들 사이의 연산을 말합니다. AND 연산(논리곱), OR 연산(논리합), NOT 연산(논리 부정), XOR 연산(배타적 논리합) 등이죠.

- **AND 연산**: 두 입력이 모두 참일 때만 결과가 참입니다.

- **OR 연산**: 두 입력 중 하나라도 참이면 결과가 참입니다.

- **NOT 연산**: 입력이 참이면 거짓을, 거짓이면 참을 반환합니다.

- **XOR 연산**: 두 입력이 서로 다를 때 참입니다.

예를 들어 '할인쿠폰 적용 사례'로 AND 연산에 대해 알아보겠습니다. 할인쿠폰을 적용하려면 조건 A와 조건 B가 모두 충족되어야 합니다.

조건 A: 최소 50,000원 이상 구매해야 함

조건 B: 유효기간 내에 사용해야 함

즉, 할인쿠폰을 사용하려면 총 구매 금액이 50,000원 이상이어야 하고(조건 A), 쿠폰의 유효기간 내에 사용해야 합니다(조건 B). 두 조건이 모두 충족될 때만 할인 혜택을 받을 수 있습니다.

이 논리 연산을 파이썬으로 표현하면 다음과 같습니다.

코드

```python
# 두 변수의 값
a = True
b = False

# a와 b 모두 True인지 검사
if a and b:
    print("두 조건 모두 참입니다.")
else:
    print("두 조건 중 하나 또는 모두 거짓입니다.")
```

그럼 앞에서 배운 정보처리 과정부터 제어 장치, 산술 · 논리 장치의 과정을 그림으로 이해해 볼까요?

▼ **그림 4-4** 제어 장치/연산 장치 과정

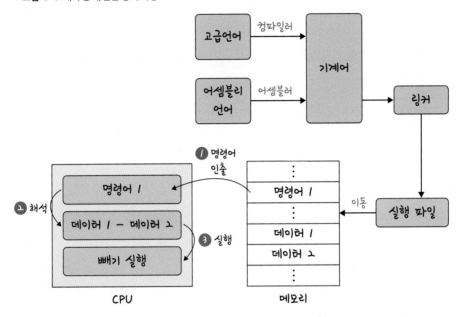

고급언어 혹은 어셈블리 언어로 코드를 생성하면 컴파일러나 어셈블러로 기계어 파일들이 생성됩니다. 이 파일들을 하나의 실행 가능한 프로그램으로 결합해야 하는데, 이를 링커라고 합니다. 즉, 링커(linker)는 여러 파일(컴파일러에 의해 생성된 파일)을 하나의 '실행 가능한 파일'로 결합하는 프로그램입니다. '실행 가능한 파일'이 메모리로 이동하면 CPU는 해당 파일의 명령어를 실행합니다.

4.2 레지스터

레지스터(register)는 CPU 내에 있는 매우 빠른 데이터 저장소입니다. 내용상 5장에서 다루어야 하지만 다음에 배울 명령어 사이클에서 레지스터가 등장하기 때문에 여기서 먼저 배우고 넘어가겠습니다.

레지스터는 고속의 데이터 저장 장치로서 CPU가 처리하는 명령어에 필요한 데이터나 중간 결과를 일시적으로 저장하기 위해 사용됩니다.

▼ **그림 4-5** 레지스터

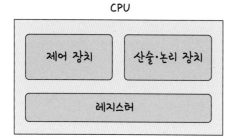

레지스터는 사용 용도에 따라 다음과 같이 다양한 종류가 있습니다.

- **프로그램 카운터(Program Counter, PC)**: 다음에 실행할 명령어의 주소를 가지고 있는 레지스터입니다. 한 명령어가 실행되면, PC는 다음 명령어를 가리키도록 숫자를 증가시킵니다.

- **명령어 레지스터(Instruction Register, IR)**: 현재 실행 중인 명령어를 저장하는 레지스터입니다.

- **메모리 주소 레지스터(Memory Address Register, MAR)**: 메모리에 접근할 때 사용할 주소를 저장하는 레지스터입니다.

- **메모리 버퍼 레지스터(Memory Buffer Register, MBR)**: 메모리와 CPU 사이에 데이터를 전달할 때 사용하는 레지스터입니다.
- **누산기(Accumulator, AC)**: 연산 수행에 대한 중간 결과를 저장하는 레지스터입니다.

레지스터는 메모리와 지속적으로 통신해야 하기 때문에 단독으로 존재할 수 없습니다. 레지스터 자체가 용량이 매우 작기 때문에 필요한 정보를 다 담아 둘 수 없기 때문이죠.

또한, 레지스터가 메모리와 통신할 때는 시스템 버스를 사용합니다. 버스에는 다음과 같이 주소 버스, 데이터 버스, 제어 버스가 있다는 것 기억하죠? 따라서 레지스터와 메모리, 시스템 버스 간 관계를 표현하면 다음 그림과 같습니다.

▼ **그림 4-6** CPU 내부 구조

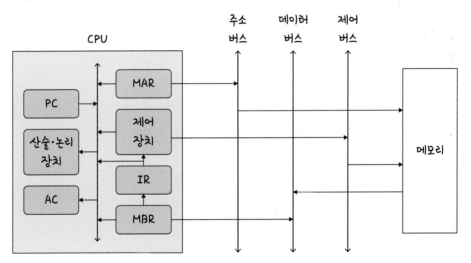

시스템 버스는 1.2.4절에서 이미 살펴봤지만 복습 차원에서 표를 다시 봐 주세요.

▼ **표 4-1** 시스템 버스

시스템 버스	설명
주소 버스	CPU가 특정 메모리 위치에 데이터를 읽거나 쓰고자 할 때, 해당 메모리 위치를 가리키는 데 사용
데이터 버스	실제 데이터가 이동하는 통로
제어 버스	CPU와 컴퓨터의 다른 구성 요소들(예 메모리) 사이 제어 신호를 전송

CPU가 명령어를 처리하기 위해 레지스터와 메모리를 어떻게 사용하는지는 '명령어 사이클'에서 살펴보겠습니다.

노트

레지스터와 메모리의 차이

레지스터와 메모리는 컴퓨터에서 데이터를 저장하는 데 사용되지만, 그 목적과 특성이 매우 다릅니다. 가장 큰 차이는 레지스터는 CPU 내부에, 메모리는 CPU 외부에 있다는 점입니다.

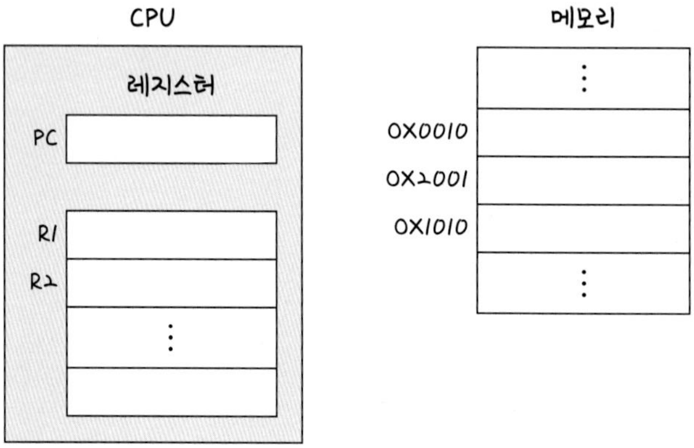

▼ **그림 4-7** 레지스터와 메모리 위치 비교

다음 표에서 둘의 차이를 자세히 확인해 주세요.

▼ **표 4-2** 레지스터와 메모리 비교

구분	레지스터	메모리
위치	CPU 내부에 위치	CPU 외부에 위치
속도	CPU의 일부분으로 매우 빠름	레지스터보다 느림
크기	매우 제한적	상대적으로 큼(보통 수십 기가바이트(GB))
용도	임시 데이터 저장, 명령어 실행에 대한 중간 결과 저장	프로그램 코드와 데이터를 저장
가격	비교적 비싼 편	레지스터에 비해 상대적으로 저렴

SECTION / 명령어 사이클

이번에는 명령어가 CPU에서 어떻게 처리되는지 알아보겠습니다.

4.3.1 명령어 사이클

명령어 사이클(instruction cycle)은 CPU가 프로그램 내 명령어를 처리하는 단계를 의미합니다. CPU가 명령어를 가져오고 해석하고 실행하는 과정을 통칭하며, 이 과정은 프로그램이 실행되는 동안 계속 반복됩니다.

▼ **그림 4-8** 명령어 사이클

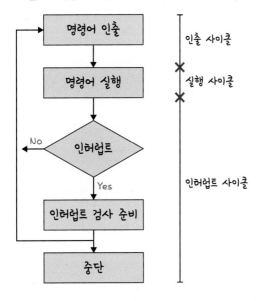

이때 명령어를 가져오는 것을 인출 사이클, 명령어를 해석하고 실행시키는 것을 실행 사이클이라고 합니다.

4.3.2 인출 사이클

인출 사이클(fetch cycle)은 CPU가 명령어를 메모리에서 가져오는 단계입니다. 명령어 사이클의 첫 번째 단계이며, 명령어가 실행되기 전에 반드시 거쳐야 하는 과정입니다.

인출 사이클은 다음과 같은 순서로 진행됩니다. 다음 그림과 같이 봐 주세요.

❶ CPU 내부의 프로그램 카운터(PC)에서 다음에 실행할 명령어의 메모리 주소를 확인한 후 그 값을 메모리 주소 레지스터(MAR)로 가져옵니다. (MAR ← PC)

❷ 메모리 주소 레지스터(MAR)로 가져온 주소로 메모리에 접근한 후, 명령어를 읽어와 메모리 버퍼 레지스터(MBR)를 거쳐 명령어 레지스터(IR)에 저장합니다. (MBR ← MAR, IR ← MBR)

❸ 명령어가 인출되면 프로그램 카운터(PC)는 다음 명령어의 주소를 가리키도록 1을 증가시킵니다. (PC ← PC+1)

▼ **그림 4-9** 인출 사이클

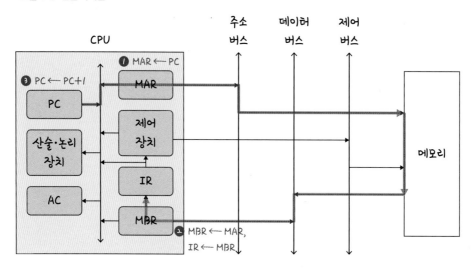

이를 메모리와 레지스터 관점에서 정리하면 다음과 같습니다. 프로그램 카운터(PC)에서 명령어의 메모리 주소를 메모리 주소 레지스터(MAR)에 보낸다는 것은,

❶ 접근해야 할 메모리 주소를 알고 있다는 것입니다(예를 들어, PC 값을 300이라고 가정하겠습니다).

❷ 메모리 주소에서 명령어를 가져와 메모리 버퍼 레지스터(MBR)에 저장합니다.

❸ 이후 명령어는 명령어 레지스터(IR)에 저장됩니다.

▼ **그림 4-10** 메모리와 레지스터 관점의 인출 사이클

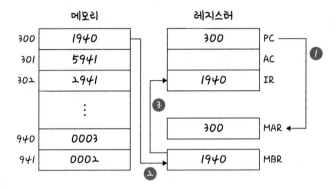

4.3.3 실행 사이클

실행 사이클(execute cycle)은 말 그대로 CPU가 명령어를 해석(decode)하고 실행하는 과정을 의미합니다. 이 단계에서 CPU는 해석된 명령어에 따라 필요한 연산을 실행하고 연산 결과를 저장하는 작업을 수행합니다. 과정을 좀 더 자세히 살펴볼까요?

❶ 명령어 레지스터(IR)에 저장된 메모리 주소를 메모리 주소 레지스터(MAR)에 저장합니다. (MAR ← IR)

❷ 이후 메모리 주소 레지스터(MAR)에 저장된 주소를 이용해서 메모리에 접근한 후, 데이터를 읽어 메모리 버퍼 레지스터(MBR)에 저장합니다. (MBR ← MAR)

❸ 그다음, 메모리 버퍼 레지스터(MBR)에 저장된 데이터는 산술 · 논리 장치로 이동하여 연산을 수행합니다. 이후 연산 결과는 누산기(AC)나 레지스터에 저장됩니다.

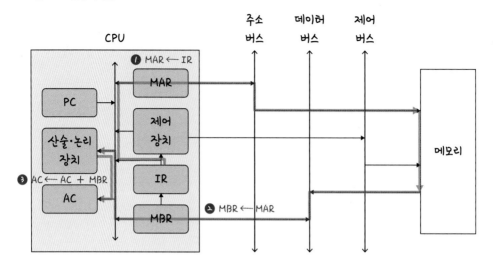

실행 사이클은 명령어가 실제로 작업을 수행하는 단계이기 때문에 CPU의 성능에 직접 영향을 미칩니다. 따라서 고성능 CPU를 사용할수록 실행 사이클 처리 속도가 빠릅니다.

4.3.4 간접 사이클

간접 사이클(indirect cycle)은 CPU의 명령어 사이클 중 간접 주소 지정 방식을 사용하는 명령어를 처리할 때 발생합니다. 즉, 이 단계는 인출 사이클에서 간접 주소 지정 방식이 사용되었을 때만 진행됩니다(앞에서 배웠던 간접 주소 지정 방식을 참조해 주세요).

따라서 간접 사이클은 다음과 같은 단계로 진행됩니다. 전반적인 명령어 사이클에서 실제 데이터 주소를 확인하기 위한 과정만 추가되었다고 이해하면 됩니다.

❶ CPU는 프로그램 카운터(PC)에 있는 주소를 사용해 메모리로부터 명령어를 인출하고 명령어 레지스터(IR)에 저장합니다.

❷ CPU는 명령어 레지스터(IR)의 명령어를 해석합니다.

❸ 명령어 레지스터(IR)에서 추출된 메모리 주소를 메모리 주소 레지스터(MAR)에 저장하면 이 주소로 메모리에 접근합니다. 이때 메모리에 접근하여 가져온 주소는 간접 주소로서 실제 데이터가 위치한 주소를 가리킵니다.

❹ 메모리 버퍼 레지스터(MBR)에 저장된 간접 주소를 메모리 주소 레지스터(MAR)에 저장합니다. 이후 메모리 주소 레지스터(MAR)에 저장된 주소로 메모리에 접근하여 실제 데이터를 가져와서 메모리 버퍼 레지스터(MBR)에 저장합니다. 즉, 메모리를 세 번(❶, ❸과 ❹) 갔다 오게 되는 것이죠.

❺ CPU는 최종 데이터를 사용하여 필요한 연산을 수행합니다.

❻ 연산 결과가 누산기(AC)나 레지스터에 저장됩니다.

정리하면, 간접 사이클은 다음과 같이 메모리에 세 번 접근하게 됩니다.

• 명령어를 인출할 때

• 간접 주소를 가져올 때(간접 주소는 실제 데이터의 주소를 가리킵니다)

• 데이터를 가져올 때

▼ **그림 4-12** 간접 사이클

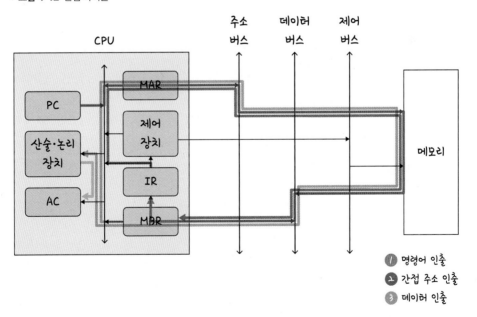

간접 사이클은 특히 포인터를 사용하는 프로그래밍 언어에서 중요하며 메모리 주소를 유동적으로 처리해야 할 때 유용합니다. 그러나 (명령어 인출을 제외하고) 실제 데이터를 얻기 위해 메모리에 두 번(❸과 ❹) 접속해야 하기 때문에 CPU 처리 성능에 영향을 줄 수 있습니다.

4.3.5 인터럽트 사이클

인터럽트 사이클(interrupt cycle)은 CPU가 현재 처리 중인 작업을 일시 중단하고, 긴급하거나 특별한 상황에 대응하기 위해 인터럽트 요청을 처리하는 과정입니다. 인터럽트는 하드웨어 신호나 소프트웨어 명령에 의해 발생할 수 있으며, CPU가 즉시 대응해야 할 때 발생합니다. 인터럽트는 바로 이어서(4.4절) 학습할 예정이니 여기서는 명령어 사이클 중 인터럽트 사이클에 대해 간단히 알아보겠습니다.

인터럽트 사이클은 다음과 같은 단계로 진행됩니다.

❶ 외부 장치나 소프트웨어가 인터럽트를 발생시킵니다.

❷ 인터럽트가 인식되면 CPU는 현재 작업을 중단하기 전에 현재 상태를 저장합니다. 일반적으로 프로그램 카운터(PC)와 현재 레지스터 값을 메모리에 저장합니다.

❸ CPU는 인터럽트를 요청한 긴급한 상황을 처리합니다.

❹ 인터럽트 처리가 완료되면 CPU는 이전에 저장한 상태를 복원하고 중단된 지점에서 프로그램의 실행을 재개합니다.

인터럽트는 주로 다중 작업을 지원하는 환경(예 윈도우 운영체제)에서 필요합니다. 인터럽트에 대해서는 바로 이어서 살펴보겠습니다.

4.4 인터럽트

인터럽트(interrupt)는 CPU가 현재 실행 중인 프로세스 또는 작업을 일시 중지하고, 긴급하게 처리해야 할 예외 사항을 우선 처리한 후, 이전 작업으로 복귀하는 메커니즘을 말합니다.

▼ **그림 4-13** 인터럽트

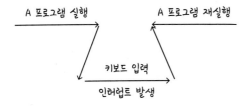

4.4.1 인터럽트의 필요성

우리는 문서 작업을 하면서 인터넷으로 정보를 검색합니다. 즉, 컴퓨터를 이용해 한 번에 여러 작업을 하는 거죠. 하지만 이 작업들이 실제로도 모두 동시에 이루어지는 것일까요? 파워포인트로 프레젠테이션 문서를 작성하는 동시에 인터넷에서 정보를 검색하는 것이 가능할까요? 그렇지는 않겠죠?

컴퓨터도 마찬가지입니다. 동일한 시간에 둘 이상의 작업을 처리할 수 없기 때문에 하나의 작업을 하는 동안 다른 긴급한 요청이 들어오면, 그것을 먼저 수행한 후 원래 진행하던 작업으로 돌아갑니다. 그래서 마치 동시에 작업하는 것과 같은 효과를 주는 것이죠(물론 CPU나 코어가 여러 개이면 동시 처리도 가능하지만, 여기서는 단일 CPU나 단일 코어에 한정하여 설명합니다. 코어가 여러 개인 멀티 코어에 대해서는 9장에서 설명합니다).

4.4.2 인터럽트 발생

인터럽트는 다음과 같은 상황에서 발생할 수 있습니다.

- **하드웨어 인터럽트(hardware interrupt)**: 키보드 입력, 마우스 클릭, 이메일 도착 등과 같이 외부 장치와 통신하는 상황에서 발생합니다.

- **소프트웨어 인터럽트(software interrupt)**: 프로그램 내부에서 발생하며, 대개 특정 작업을 요청하기 위해 소프트웨어가 의도적으로 발생시키는 인터럽트입니다. 예를 들어 0으로 나누기, 유효하지 않은 명령어 실행 등이 이에 해당합니다.

인터럽트가 발생하면 다음과 같은 과정으로 처리됩니다.

❶ CPU는 현재 실행 중인 명령어 사이클이 끝날 때마다 인터럽트를 체크하여 인터럽트 신호가 있는지 확인합니다.

❷ 인터럽트가 발견되면, CPU는 현재 실행 중인 작업의 상태(🔲 레지스터 값 등)를 메모리에 저장합니다.

❸ CPU는 인터럽트 벡터 테이블을 사용하여 해당 인터럽트를 처리할 서비스 루틴의 주소를 찾습니다.

❹ CPU는 인터럽트 서비스 루틴을 실행하여 인터럽트를 처리합니다.

❺ 인터럽트 처리가 완료되면, 저장된 상태를 복구하고 원래 작업을 계속 실행합니다.

▼ **그림 4-14** 인터럽트 처리 과정

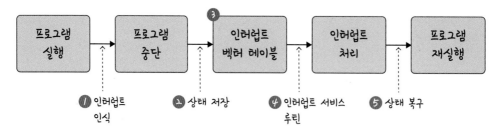

4.4.3 인터럽트 서비스 루틴과 인터럽트 벡터 테이블

새로운 용어가 등장했네요. 인터럽트 서비스 루틴과 인터럽트 벡터 테이블에 대해 좀 더 자세히 알아봅시다.

인터럽트 서비스 루틴(Interrupt Service Routine, ISR)은 컴퓨터에서 어떤 특별한 이벤트가 발생했을 때, 그 이벤트를 처리하기 위해 실행되는 일련의 지시 사항(코드)입니다.

인터럽트 벡터 테이블(interrupt vector table)은 특정 인터럽트 신호에 대해 실행되어야 하는 인터럽트 서비스 루틴의 주소를 가지고 있는 테이블입니다. 인터럽트가 발생하면 CPU는 이 인터럽트 벡터 테이블을 참조하여 해당 인터럽트에 대응하는 인터럽트 서비스 루틴의 주소를 알아내고 이 주소로 이동하여 인터럽트를 처리합니다. 예를 들어 다음과 같이 각 인터럽트 유형은 벡터 테이블 내 고유한 위치를 가지고 있으며, 이 위치에 인터럽트 서비스 루틴의 시작 주소가 저장되어 있습니다.

▼ **그림 4-15** 인터럽트 벡터 테이블 예시

주소	인터럽트 유형
0x20	reset
0x24	undefined instruction
0x28	SWI (software interrupt)
0x2C	prefetch abort
0x30	data abort
0x34	(reserved for future use)
0x38	IRQ
0x3C	FIQ

사용자가 마우스를 클릭한 상황에서 인터럽트 서비스 루틴과 인터럽트 벡터 테이블이 어떻게 동작하는지 한번 볼까요?

❶ 사용자가 마우스를 클릭하면 인터럽트가 발생합니다. 즉, 마우스는 컴퓨터에 인터럽트 신호를 보냅니다. 이 신호는 CPU에 '긴급한 작업'이 있음을 알리는 효과를 냅니다.

❷ 그러면 CPU는 현재 수행 중인 작업을 잠시 중단하고, 인터럽트의 종류를 식별합니다. 이때 인터럽트 벡터 테이블을 참조하여 마우스 클릭에 해당하는 인터럽트 서비스 루틴의 주소를 찾습니다.

❸ CPU는 테이블에서 찾은 인터럽트 서비스 루틴의 시작 주소로 프로그램 카운터(PC)를 설정합니다. 그러면 다음 CPU 사이클에서 인터럽트 서비스 루틴이 실행됩니다. 예를 들어 마우스가 특정 링크(URL)를 클릭했다면 해당 링크를 화면에 보여 줍니다.

❹ 인터럽트 서비스 루틴의 실행이 완료되면 CPU는 인터럽트 발생 전에 수행하던 작업으로 돌아가 이전에 하던 일을 계속 실행합니다.

이 과정을 그림으로 표현하면 다음과 같습니다.

▼ **그림 4-16** 인터럽트 벡터 테이블과 인터럽트 서비스 루틴

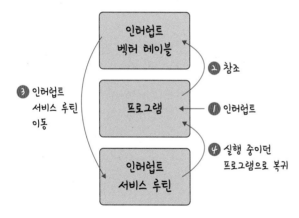

4.5 / CPU 유형에 따른 분류

좀 더 하드웨어적인 관점에서 CPU를 관찰해 보면, CPU는 마이크로프로세서라는 단일 칩의 중요한 구성 요소입니다. 이때 마이크로프로세서는 설계 방식에 따라 CISC, RISC, EISC라는 세 유형이 있습니다.

▼ **그림 4-17** 마이크로프로세서

CISC, RISC, EISC가 하드웨어 설계와 관련한 용어이다 보니 어려울 수 있습니다. 따라서 비유를 통해 설명하겠습니다.

먼저 CISC입니다. 고급 레스토랑에서 2~3가지 요리를 주문했다고 가정해 봅시다. 그럼 요리사는 신선한 재료로 복잡한 요리 과정을 거쳐서 손님에게 내놓을 것입니다. 재료 손질부터 조리 과정, 플레이팅까지 포함하면 준비 시간은 꽤 길어질 것입니다.

반면에 RISC는 밀키트와 같습니다. 밀키트에는 미리 준비된 식재료와 간소화한 조리 방법이 포함되어 있습니다. 우리는 냄비에 준비된 재료를 넣고 끓이기만 하면 됩니다.

둘의 차이가 명확하죠? 정리하면 다음과 같습니다.

CISC(Complex Instruction Set Computer)는 많은 종류의 복잡한 명령어를 사용하여 다양한 작업을 수행할 수 있지만, 이로 인해 명령어 실행 시간이 길어지고 CPU 설계가 복잡해질 수 있습니다.

RISC(Reduced Instruction Set Computer)는 제한된 수의 간단한 명령어를 사용하여 효율적으로 작업을 수행합니다. 명령어가 단순하기 때문에 빠르게 처리할 수 있고 CPU 설계가 간소한 장점이 있습니다.

EISC(Extendable Instruction Set Computer)는 RISC처럼 간소화한 명령어 집합을 사용하지만, 특정 애플리케이션 또는 작업에 최적화한 방식으로 명령어 집합을 조정하는 방식입니다. EISC는 RISC나 CISC처럼 널리 알려진 방식은 아니고, 특정 목적의 애플리케이션에 주로 사용됩니다.

4.6 / 핵심 요약
SECTION

1. 링커는 여러 파일(컴파일러에 의해 생성된 파일)을 하나의 '실행 가능한 파일'로 결합하는 프로그램입니다.

2. 레지스터는 CPU 내에 있는 매우 빠른 데이터 저장소입니다.

3. 명령어 사이클은 CPU가 프로그램 내 명령어를 처리하는 단계를 의미합니다.

4. 인출 사이클은 CPU가 명령어를 메모리에서 가져오는 단계입니다.

5. 간접 사이클은 CPU의 명령어 사이클 중 간접 주소 지정 방식을 사용하는 명령어를 처리할 때 발생합니다.

6. 인터럽트는 CPU가 현재 실행 중인 프로세스 또는 작업을 일시 중지하고, 긴급하게 처리해야 할 예외 사항을 우선 처리한 후, 이전 작업으로 복귀하는 메커니즘입니다.

7. 인터럽트 서비스 루틴은 컴퓨터에서 어떤 특별한 이벤트가 발생했을 때, 그 이벤트를 처리하기 위해 실행되는 일련의 지시 사항(코드)입니다.

8. 인터럽트 벡터 테이블은 특정 인터럽트 신호에 대해 실행되어야 하는 인터럽트 서비스 루틴의 주소를 가지고 있는 테이블입니다.

확인 문제

1. (   )은/는 명령어를 해석하고 실행에 대한 흐름을 제어하는 역할을 합니다.

2. (   ) 연산은 AND, OR, XOR, NOT 등과 같은 연산을 말합니다.

3. (   ) 연산은 두 입력이 모두 참일 때만 결과가 참인 연산입니다.

4. (   )은/는 다음에 실행할 명령어의 주소를 가지고 있는 레지스터를 말합니다.

5. (   )은/는 연산 수행에 대한 중간 결과를 저장하는 레지스터를 말합니다.

6. (   )은/는 명령어 사이클에서 CPU가 명령어를 해석하고 실행하는 과정을 말합니다.

7. 인터럽트 발생 상황에는 (   ) 인터럽트와 (   ) 인터럽트가 있습니다.

8. (   )은/는 많은 종류의 복잡한 명령어를 사용하여 다양한 작업을 수행할 수 있는 마이크로프로세서 설계 방식입니다.

9. (   )은/는 제한된 수의 간단한 명령어를 사용하여 효율적으로 작업을 수행하는 마이크로프로세서 설계 방식입니다.

정답

1. 제어 장치   2. 논리   3. AND   4. 프로그램 카운터   5. 누산기   6. 실행 사이클   7. 하드웨어, 소프트웨어   8. CISC   9. RISC

하드웨어 측면에서 주기억 장치란 무엇인가요?

CPU가 연산 처리를 하면서 필요한 데이터/명령어를 가져오거나 저장할 때 사용하는 기억 장치의 종류는 많습니다. 다양한 기억 장치 종류와 서로 어떤 차이가 있는지 자세히 알아보겠습니다.

5.1 메모리 계층 구조

컴퓨터에서 사용하는 여러 메모리 종류는 사다리처럼 계층 구조로 표현할 수 있습니다. 즉, 메모리 계층 구조는 다양한 유형의 데이터 저장 매체를 포함하며, 속도가 가장 빠른 레지스터부터 가장 느린 보조기억 장치까지 여러 단계로 나뉩니다.

▼ **그림 5-1** 메모리 계층 구조

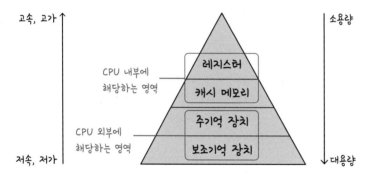

레지스터는 이미 4장에서 다루었습니다. 레지스터는 CPU 내부에 있는 매우 빠른 메모리로 CPU가 현재 수행 중인 연산에 필요한 데이터를 저장합니다.

캐시 메모리(cache memory)도 CPU 내부에 해당하는 영역에 위치한 고속 메모리로, 레지스터보다는 느리지만 주기억 장치보다는 빠릅니다. L1, L2, L3 등 다양한 유형의 캐시가 있으며, L1이 가장 빠르고 L3가 가장 느립니다. 캐시 메모리는 6장에서 자세히 다룹니다.

주기억 장치는 프로세스[1]가 실행되는 동안 필요한 데이터와 프로그램을 저장합니다. 주기억 장치는 바로 이어서 살펴봅니다.

마지막으로 보조기억 장치는 주기억 장치보다는 느리지만 데이터를 영구적으로 보관할 수 있는 것으로, 대표적으로 하드 디스크 드라이브(HDD)가 있습니다. 보조기억 장치는 7장에서 자세히 알아봅니다.

정리하면, 레지스터는 고가이면서도 저장 용량이 가장 적으며 보조기억 장치는 저가이면서도 대용량 데이터를 저장할 수 있습니다. 물론 레지스터가 가장 빠르고요.

5.2 / 주기억 장치란?
SECTION

일반적으로 CPU는 명령어/데이터가 필요하면 캐시 메모리에서 찾습니다. 그런데 CPU가 주기억 장치와 직접 통신하는 경우가 있습니다. 바로 CPU가 찾는 데이터가 캐시 메모리에 없을 때입니다. 이때는 CPU가 주기억 장치에서 직접 데이터를 가져오고 동시에 캐시 메모리에 적재시킵니다.

▼ **그림 5-2** CPU와 주기억 장치

주기억 장치는 CPU가 직접 접근할 수 있는 메모리로, 실행 중인 프로그램의 코드와 데이터가 저장되어 있습니다.

---

1 CPU에 의해 실행 중인 소프트웨어

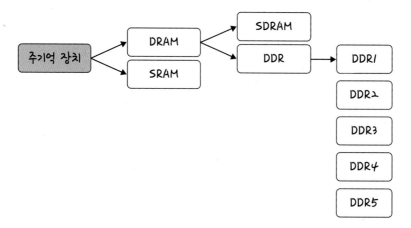

주기억 장치의 가장 큰 특징은 휘발성 메모리라는 것입니다. **휘발성 메모리**(volatile memory)는 전원이 꺼지면 저장된 데이터가 사라지는 메모리입니다. 대표적인 예로는 DRAM (Dynamic Random Access Memory, 동적 랜덤 액세스 메모리)과 SRAM(Static Random Access Memory, 정적 랜덤 액세스 메모리)이 있으며, 이들은 각각 컴퓨터의 주기억 장치와 캐시 메모리로 사용됩니다.

그럼 DRAM과 SRAM부터 하나씩 알아볼까요?

5.3 주기억 장치의 유형
SECTION

휘발성 메모리는 말 그대로 전원 공급이 중단되면 저장한 데이터가 사라집니다. 휘발성 메모리 기술은 DRAM과 SRAM으로 시작되었으며, 둘의 차이는 다음 표와 같습니다.

▼ **표 5-1** DRAM과 SRAM 비교

구분	DRAM	SRAM
모양		
데이터 유지	저장된 데이터는 시간이 지남에 따라 소멸합니다. 따라서 주기적으로 데이터를 '새로고침(리프레시)' 해야 하기 때문에 DRAM을 '동적 메모리'라고 부릅니다.	데이터를 '새로고침'할 필요가 없기 때문에 SRAM을 '정적 메모리'라고 부릅니다.
속도	SRAM보다 느리지만 더 많은 데이터를 저장할 수 있고, 비용이 적게 들기 때문에 대용량 메모리가 필요한 곳에 주로 사용합니다.	DRAM보다 빠릅니다.
비용	SRAM보다 비용이 적게 들면서도 대용량 저장이 가능합니다.	DRAM보다 구조가 더 복잡하고, 제작 비용이 더 높습니다.
주사용처	일반적으로 컴퓨터의 주기억 장치로 사용합니다.	빠른 접근 속도 때문에 캐시 메모리로 사용합니다.

SDRAM(Synchronous Dynamic Random Access Memory)은 DRAM의 성능을 개선한 형태로, 데이터 처리 속도가 더 빠릅니다.

DRAM이 발전된 또 다른 형태로 DDR도 있습니다. DDR(Double Data Rate)은 주기억 장치의 한 유형으로 데이터 처리 속도를 높이기 위해 설계되었으며 DDR1부터 DDR5까지 다양한 버전이 있습니다. 버전이 진화할수록 메모리 속도, 데이터 처리 능력, 에너지 효율이 향상되었으며 현재 DDR5가 가장 발전된 형태입니다. DDR 버전별 설명은 다음 표를 참고하세요.

DDR 버전	설명
DDR1	DDR의 첫 번째 버전으로 기본 속도와 성능을 제공합니다.
DDR2	DDR1보다 빨라지고 전력 소모가 줄어들었으며, 이에 따라 전반적인 컴퓨터 성능이 향상되었습니다.
DDR3	DDR2보다 더 빠르고, 더 많은 데이터를 처리할 수 있습니다.
DDR4	이전 버전보다 더 빠르고 효율적입니다. 더 많은 데이터를 더 빠르게 처리하며, 전력 소모가 적습니다.
DDR5	가장 새로운 DDR 버전으로 DDR4보다 훨씬 빠르고, 더 많은 데이터를 처리할 수 있으며 에너지 효율도 더 좋습니다.

▼ 그림 5-4 DDR1~DDR5 비교

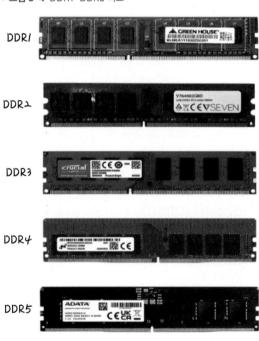

DDR1

DDR2

DDR3

DDR4

DDR5

5.4 메모리 인터리빙

메모리 인터리빙(memory interleaving)은 컴퓨터 메모리의 성능을 향상시키기 위해 사용하는 기술입니다. 이 기술은 메모리를 여러 독립적인 모듈로 분할하고, 이 모듈들에 데이터를 교차로 저장하여 메모리 접근 시간을 최적화하는 방식입니다.

▼ 그림 5-5 메모리 인터리빙

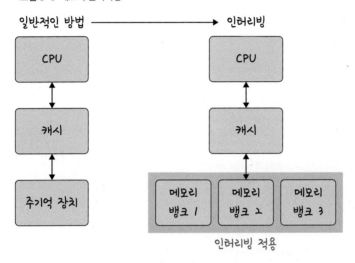

메모리 인터리빙이 작동하는 방식을 더 자세히 살펴볼까요?

❶ 메모리는 동일한 크기의 여러 뱅크(bank) 또는 모듈로 나뉩니다.

❷ 연속 데이터는 순차적으로 각 메모리 뱅크에 분산되어 저장됩니다. 예를 들어 첫 번째 데이터는 첫 번째 뱅크에, 두 번째 데이터는 두 번째 뱅크에 저장됩니다.

❸ 데이터가 분산되어 저장됨으로써, CPU는 다음 데이터를 읽거나 쓰려고 준비하는 동안 다른 뱅크에서 데이터를 읽거나 쓸 수 있습니다.

메모리 인터리빙을 사용할 경우 여러 메모리 모듈이 동시에 작동하기 때문에 데이터 처리 속도가 증가할 뿐만 아니라 한 메모리 모듈이 데이터를 처리하는 동안 다른 모듈은 다음 요청을 준비할 수 있어서 지연 시간이 줄어듭니다. 하지만 하드웨어 설계가 더 복잡해질 수 있다는 단점이 있습니다.

5.5 논리주소와 물리주소

컴퓨터 메모리 관리에 사용되는 주소 유형에는 두 가지가 있습니다. 바로 논리주소와 물리주소입니다.

5.5.1 논리주소와 물리주소 개념

논리주소(logical address, 혹은 가상주소(virtual address))는 프로세스에 의해 사용되는 주소입니다. 즉, 프로세스가 생성되고 실행될 때 사용합니다. 반면에 물리주소(physical address)는 주기억 장치 위치를 나타내는 주소입니다.

논리주소는 실제 주기억 장치에 접근하기 위해 메모리 관리 유닛(Memory Management Unit, 이하 MMU)이라고 하는 하드웨어를 통해 물리주소로 변환되는데, 이를 '주소 변환(address translation)'이라고 부릅니다.

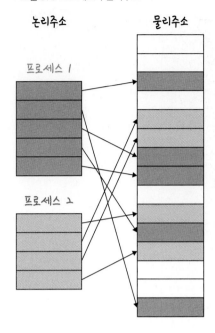

▼ **그림 5-6** 프로세스와 논리주소

논리주소와 물리주소에서 중요한 것은 각각을 자세히 이해하는 것이 아니라, 논리주소에서 물리주소로 변환하는 과정을 이해하는 것입니다. 그 과정은 다음과 같습니다.

❶ 프로세스가 주기억 장치에 접근하려 할 때, 논리주소가 생성됩니다.

❷ MMU는 페이지 테이블을 참조하여 논리주소를 물리주소로 변환합니다. 페이지 테이블(page table)은 논리주소와 물리주소가 매핑된 정보를 가지고 있습니다. 이 테이블을 이용해 논리주소를 물리주소로 변환합니다.

❸ 변환된 물리주소를 이용해서 실제 주기억 장치에 접근합니다.

이 과정을 통해 프로세스에 필요한 주기억 장치를 간편하게 관리할 수 있죠.

▼ 그림 5-7 페이지 테이블

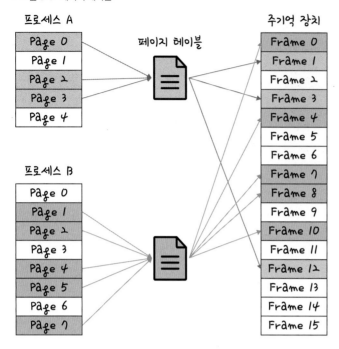

5.5.2 MMU

앞서 언급한 MMU에 대해 더 자세히 알아볼까요? MMU는 하드웨어 장치로, CPU와 주기억 장치 사이에 위치하며(정확히는 CPU 내에 위치), 논리주소를 물리주소로 변환하는 기능을 수행합니다.

▼ 그림 5-8 MMU

이 장치는 다음과 같은 중요한 기능을 담당하죠.

- **주소 변환(address translation)**: 프로그램이 사용하는 논리주소를 물리주소로 변환합니다.
- **메모리 보호(memory protection)**: 프로세스가 할당받지 않은 메모리 영역에 접근하는 것을 방지합니다. 메모리 보호에 대해서는 '노트'를 참조해 주세요.
- **캐싱(caching)**: TLB(Translation Lookaside Buffer)를 이용하여 최근 또는 자주 사용되는 주소를 버퍼[2]에 저장했다가 사용함으로써 주소를 빠르게 변환할 수 있습니다. TLB에 대해서는 다음 절에 이어지는 설명을 참조해 주세요.

노트

메모리 보호

주기억 장치는 다음과 같이 운영체제(이 영역을 '커널 영역'이라고도 부릅니다)와 사용자 프로그램 영역으로 나뉘어 있습니다.

- 운영체제(커널 영역): 윈도우와 같은 운영체제가 사용하는 영역
- 사용자 프로그램(프로그램 영역): 오피스와 같은 다양한 프로그램이 사용하는 영역

▼ **그림 5-9** 주기억 장치 구조

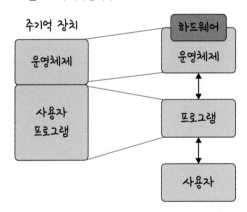

사용자 프로그램에는 다양한 프로그램이 있는데, 각 프로그램에는 base 주소와 limit 주소가 지정되어 있습니다.

- base 주소: 프로세스가 메모리에 접근할 때 사용할 수 있는 가장 낮은 주소
- limit 주소: 프로세스가 접근할 수 있는 메모리 영역의 크기

○ 계속

---
2 데이터를 일시적으로 저장하는 메모리 영역

따라서 base 주소와 limit 주소를 더하면 메모리의 가장 큰 주소가 됩니다.

▼ **그림 5-10** 사용자 프로그램의 시작과 끝 주소

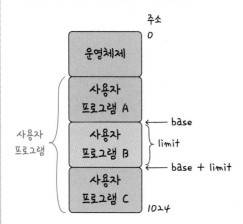

이 상태에서 어떻게 메모리를 보호할 수 있을까요? 간단합니다. 논리주소를 'base 주소', 'base+limit 주소'와 비교하면 됩니다.

❶ 논리주소 A와 'base 주소'를 비교하여 A가 크거나 같으면 다음으로 이동합니다.

❷ 또 한 번 A를 'base+limit 주소'와 비교하는데, 이때는 A가 작으면 주기억 장치에 접근합니다.

이러면 주어진 메모리 내에서만 사용할 수 있기 때문에 메모리를 보호할 수 있는 것이죠.

▼ **그림 5-11** 주소 비교

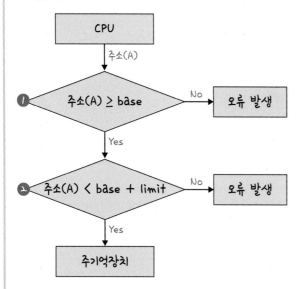

⊙ 계속

예를 들어 웹 브라우저라는 프로그램의 논리주소가 다음과 같다고 가정해 봅시다.

base 주소: '0×1000'

limit 주소: '0×5000'

이 경우 해당 프로그램은 '0×1000'부터 '0×6000'(base+limit)까지의 메모리를 사용할 수 있습니다. 웹 브라우저가 '0×2000'라는 주소에 접근하려 한다면, base 주소인 '0×1000'와 base+limit 주소인 '0×6000' 사이에 있으므로 이 접근은 유효하겠죠? 따라서 MMU는 논리주소 '0×2000'을 물리주소로 변환합니다.

하지만 웹 브라우저가 '0×7000'과 같이 허용된 메모리 범위를 벗어나는 주소에 접근하려 한다면, MMU는 메모리 접근 위반 오류를 발생시키고 운영체제가 이를 처리하도록 합니다.

▼ **그림 5-12** 메모리 보호 예시

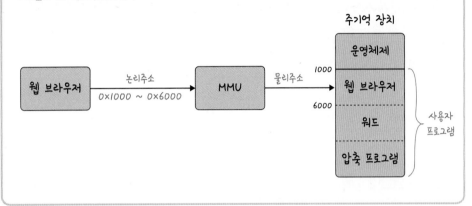

5.5.3 TLB

TLB(Translation Lookaside Buffer)는 논리주소를 물리주소로 변환할 때 성능을 개선하기 위해 MMU에서 사용하는 고속 캐시입니다. 왜 캐시가 필요할까요? 캐시가 없는 상황에서 논리주소는 MMU의 계산에 의해 물리주소로 변환됩니다. 즉, 주소를 변환할 때마다 매번 계산해야 하죠.

▼ **그림 5-13** TLB가 없을 때

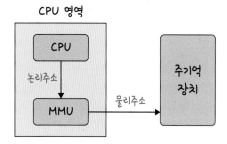

TLB에는 최근에 사용한 주소 변환이 모두 저장되어 있습니다. 따라서 TLB를 사용한다면, 논리주소를 물리주소로 변환할 때 MMU에 의한 계산 과정을 거치지 않아도 되므로 주소 변환이 빨라질 수 있습니다.

▼ **그림 5-14** TLB가 있을 때

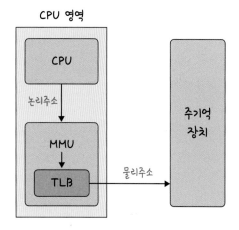

그럼 TLB의 동작 방식에 대해 자세히 알아볼까요?

❶ 논리주소를 사용하여 주기억 장치에 접근하려 할 때, TLB를 먼저 확인합니다.

❷ TLB에 해당 논리주소의 매핑 정보가 있다면, 물리주소를 직접 얻을 수 있으므로 주소를 빠르게 변환할 수 있습니다. 이를 'TLB 히트(hit)'라고 합니다.

❸ 만약 TLB에 해당 정보가 없다면 MMU를 통해 물리주소로 변환하고 TLB에 결과를 저장합니다. 이를 'TLB 미스(miss)'라고 합니다.

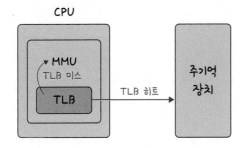

▼ **그림 5-15** TLB 히트와 TLB 미스

이렇게 TLB에 정보를 저장하면 이후에 같은 주소는 빠르게 변환할 수 있습니다.

5.6 / 핵심 요약
SECTION

1. 메모리 계층 구조는 다양한 유형의 데이터 저장 매체를 포함하며, 속도가 가장 빠른 레지스터부터 가장 느린 보조기억 장치까지 여러 단계로 나뉩니다.

2. 주기억 장치는 CPU가 직접 접근할 수 있는 메모리로, 실행 중인 프로그램의 코드와 데이터가 저장되어 있습니다.

3. 레지스터는 CPU 내부에 있는 매우 빠른 메모리입니다.

4. DDR(Double Data Rate)은 주기억 장치의 한 유형으로 데이터 처리 속도를 높이기 위해 설계되었으며 DDR1부터 DDR5까지 다양한 버전이 있습니다.

5. 메모리 인터리빙은 컴퓨터 메모리의 성능을 향상시키기 위해 사용하는 기술입니다.

6. MMU(Memory Management Unit)는 하드웨어 장치로, CPU와 주기억 장치 사이에 위치하며, 논리주소를 물리주소로 변환하는 기능을 수행합니다.

7. TLB(Translation Lookaside Buffer)는 논리주소를 물리주소로 변환할 때 성능 개선을 위해 MMU에서 사용하는 고속 캐시입니다.

확인 문제

1. (　　　　　)은/는 CPU 내부에 있는 매우 빠른 메모리로, CPU가 현재 수행 중인 연산에 필요한 데이터를 저장합니다.

2. (　　　　　)은/는 CPU에 가까이 위치한 고속 메모리로, 레지스터보다는 느리지만 주기억 장치보다는 빠릅니다.

3. (　　　　　)은/는 주기억 장치보다는 느리지만 데이터를 영구적으로 보관할 수 있는 것으로, 대표적으로 하드 디스크 드라이브(HDD)가 있습니다.

4. (　　　　　) 메모리는 전원이 꺼지면 저장된 데이터가 사라지는 메모리입니다.

5. (　　　　　)은/는 일반적으로 컴퓨터의 주기억 장치로 사용되는 메모리로 SRAM보다 비용이 적게 들면서도 대용량 저장이 가능합니다.

6. (　　　　　)은/는 프로세스에 의해 사용되는 주소입니다.

7. (　　　　　)은/는 주기억 장치 위치를 나타내는 주소입니다.

8. 프로세스가 메모리에 접근할 때 사용할 수 있는 가장 낮은 주소를 (　　　　　) 주소라고 하고, 프로세스가 접근할 수 있는 메모리 영역의 크기를 (　　　　　) 주소라고 합니다.

9. TLB에 해당 논리주소의 매핑 정보가 있으면 TLB (　　　　　)(이)라고 하고, 없으면 TLB (　　　　　)(이)라고 합니다.

정답

1. 레지스터　2. 캐시 메모리　3. 보조기억 장치　4. 휘발성　5. DRAM　6. 논리주소　7. 물리주소　8. base, limit　9. 히트, 미스

캐시 메모리는
어떻게 동작하나요?

캐시 메모리는 CPU와 주기억 장치 사이에 위치하는 저장 장치입니다. 이 장에서는 캐시 메모리 종류와 동작 원리에 대해 자세히 알아보겠습니다.

6.1 / 캐시 메모리 동작 원리

캐시 메모리(cache memory)는 고속의 작은 메모리입니다. 캐시 메모리는 CPU와 주기억 장치 사이의 속도 차이를 극복하기 위해 사용합니다. 일반적으로 캐시 메모리는 CPU와 주기억 장치 사이에 위치하기 때문에 CPU가 주기억 장치에서 명령어/데이터를 가져오는 속도보다 캐시 메모리에서 가져오는 속도가 훨씬 빠릅니다.

▼ **그림 6-1** 캐시 메모리 위치

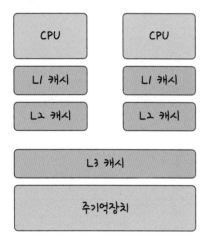

그런데 CPU에 필요한 데이터(혹은 명령어)를 캐시 메모리가 모두 가지고 있는 것은 아닙니다. 캐시 메모리는 주기억 장치에 비해 저장 용량이 작으니까요. 그래서 발생하는 현상이 캐시 히트와 캐시 미스입니다.

캐시 히트(cache hit)는 CPU가 데이터를 요청했을 때 해당 데이터가 캐시 메모리에 있는 경우입니다. 따라서 캐시 히트가 발생하면 CPU는 캐시 메모리에서 데이터를 빠른 속도로 직접 읽을 수 있습니다. 캐시 히트율(cache hit rate)[1]이 높을수록 프로그램의 성능이 좋아지는데, 이는 캐시 메모리가 효율적으로 사용되고 있음을 나타냅니다.

▼ **그림 6-2** 캐시 히트

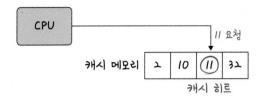

캐시 미스(cache miss)는 반대로 CPU가 데이터를 요청했을 때 해당 데이터가 캐시 메모리에 없는 경우입니다. 캐시 미스가 발생하면 CPU는 주기억 장치에서 데이터를 찾아야 하는데 이 과정은 캐시 메모리에서 데이터를 읽는 것보다 상대적으로 느립니다.

▼ **그림 6-3** 캐시 미스

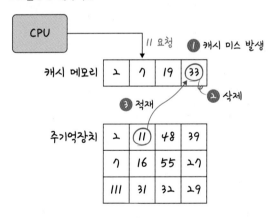

정리하면 컴퓨터에서 '캐시 히트'가 발생할 경우 CPU에 필요한 데이터를 캐시 메모리에서 바로 가져올 수 있어서 처리가 매우 빠르죠. 반대로 '캐시 미스'가 발생하면 CPU가 주기억 장치에서 데이터를 찾아야 하므로 처리가 더 오래 걸립니다.

---

1   캐시 메모리에서 요청된 데이터를 성공적으로 찾은 비율

캐시 메모리 유형

캐시 메모리는 속도와 위치에 따라 다음과 같이 세 유형으로 분류합니다.

- **L1 캐시**(Level 1 cache)는 CPU에 가장 가까이 위치합니다. 따라서 CPU가 캐시 메모리에 저장된 데이터에 매우 빠르게 접근할 수 있습니다.

- **L2 캐시**(Level 2 cache)는 L1 캐시보다 더 크지만 CPU가 캐시 메모리에 저장된 데이터를 접근할 때는 약간 느립니다(L1 캐시보다 느리다는 의미입니다). L2 캐시는 L1 캐시 메모리에서 찾을 수 없는 데이터를 저장하는 데 사용합니다.

- **L3 캐시**(Level 3 cache)는 L1과 L2 캐시보다 더 크고, 캐시 메모리에 접근하는 속도가 더 느립니다. L3 캐시는 주로 최근에 사용된 데이터와 명령어를 저장하는 용도로 사용합니다.

▼ **그림 6-4** 캐시 메모리의 유형

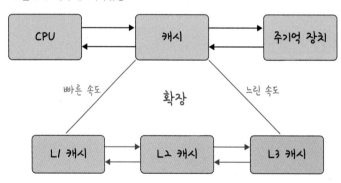

CPU와 캐시의 위치에 따라 각 캐시는 다른 용도로 사용됩니다. 다음 그림과 같이 L1, L2 캐시는 CPU에 내장되어 있기 때문에 각 CPU가 전용으로 사용하는 반면에 L3 캐시는 여러 CPU가 공유해서 사용합니다. 즉, L3 캐시는 공용 캐시로서 다른 CPU 간 데이터 공유와 일관성 유지에 중요한 역할을 합니다.

▼ **그림 6-5** CPU와 L1, L2, L3 캐시 위치

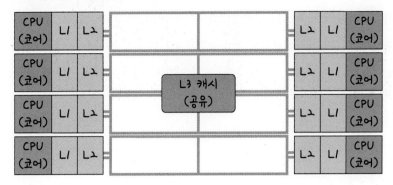

6.3 / 지역성
SECTION

캐시 메모리는 저장 공간이 매우 작다 보니 효율적으로 사용해야 합니다. 주기억 장치에 저장된 모든 데이터를 가지고 있을 만큼 공간이 크지 않지만, CPU는 많은 명령어/데이터를 지속적으로 요구하기 때문이죠.

▼ **그림 6-6** 캐시 메모리와 주기억 장치의 가용 공간 비교

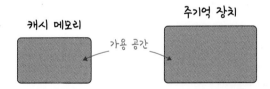

캐시 메모리에는 중요한 정보만 알차게 저장해야 합니다. 그래서 등장한 개념이 지역성입니다. 지역성(locality)은 CPU의 메모리 사용 패턴을 설명하는 원리입니다. CPU는 메모리의 특정 부분에 접근할 때, 두 형태로 지역성을 나타내는 경향이 있습니다.

먼저 **시간 지역성**이 있습니다. 시간 지역성(temporal locality)은 한번 사용된 데이터는 가까운 미래에 다시 사용될 가능성이 높다는 의미입니다. 즉, 'CPU가 최근에 접근한 데이터는 곧 다시 접근할 가능성이 높다(재사용성이 높다)'는 것이 시간 지역성입니다.

▼ **그림 6-7** 시간 지역성

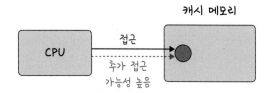

예를 들어 소영이는 내일 비행기를 타고 여행을 떠나야 하는데, 폭설로 비행기가 이륙하지 않을 가능성이 높다는 뉴스 기사를 보게 됩니다. 이러한 상황이라면 소영이는 수시로 날씨 앱을 확인할 것입니다. 즉, 최근에 접근한 앱(데이터)에 곧 다시 접근할 가능성이 높으며(최소한 비행기 이륙 시간을 포함하여 여행 내내 날씨 앱을 확인할 테니까요), 이는 대표적인 시간 지역성의 예로 볼 수 있습니다.

또 다른 경향으로 **공간 지역성**이 있습니다. 공간 지역성(spatial locality)은 메모리에 연속된 위치에 저장된 데이터가 연속적으로 사용될 가능성이 높다는 의미입니다. 즉, 프로그램이 특정 메모리 위치에 접근할 때, 그 위치 근처에 있는 데이터에도 곧 접근할 가능성이 높다는 것이죠.

▼ **그림 6-8** 공간 지역성

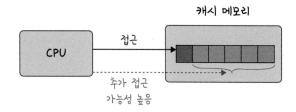

예를 들어 식료품점에서 장을 볼 때 보통 특정 코너의 상품들을 차례대로 살펴봅니다. 즉, 과일 코너에서 사과를 고른 다음에 바로 옆에 있는 바나나와 오렌지 같은 다른 과일도 확인하는데, 이렇게 인접한 상품을 연속적으로 살펴보는 행동은 공간 지역성의 좋은 예입니다.

6.4 / 캐시 메모리 관리
SECTION

캐시 메모리는 저장 용량이 작으므로, CPU가 요청하는 명령어/데이터를 모두 가지고 있을 가능성이 적습니다. 따라서 CPU가 요청하는 명령어/데이터를 저장해 두기 위해 다음과 같은 관리 정책이 필요합니다.

6.4.1 캐시 교체 정책

캐시는 용량이 제한되어 있으므로 기존 데이터를 제거한 후 새로운 데이터를 저장해야 합니다. 일반적으로 이 과정은 '캐시 미스' 과정에서 발생합니다. 캐시 교체 정책(Cache Replacement Policies)에서의 핵심은 기존 데이터를 삭제하는 것인데, 대표적인 것이 LRU 입니다.

LRU

LRU(Least Recently Used)는 가장 오랫동안 사용하지 않은 항목을 교체하는 방식입니다.

다음 그림과 같이 1, 2, 3, 4라는 데이터가 있다고 가정하겠습니다.

❶ 먼저 1, 2, 3, 4를 호출합니다. 4를 가장 늦게 호출했기 때문에 4가 최신 데이터가 됩니다.

❷ 이번에는 3을 호출합니다. 그러면 최신 데이터는 3이 됩니다.

❸ 5라는 신규 데이터를 저장하기 위해서는 기존 데이터를 삭제해야 합니다. 이때 1이 가장 오랫동안 사용되지 않았기 때문에 1을 삭제하고, 5를 신규 데이터로 추가합니다.

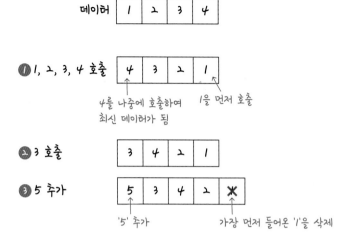

FIFO

FIFO(First In First Out)는 캐시 메모리에 가장 먼저 들어온 데이터를 교체하는 방법입니다. 역시 다음 그림과 같이 1, 2, 3, 4라는 데이터가 있다고 가정하겠습니다.

❶ 먼저 1, 2, 3, 4를 호출합니다. 4를 가장 늦게 호출했기 때문에 4가 최신 데이터가 됩니다.

❷ FIFO에서는 가장 먼저 들어온 1을 삭제합니다.

❸ 5를 추가합니다.

▼ 그림 6-10 FIFO 원리

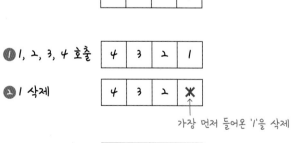

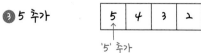

LFU

LFU(Least Frequently Used)는 가장 적게 사용한 항목을 교체합니다. 예시를 통해 자세히 알아보겠습니다.

다음 그림과 같이 1, 2, 3, 4, 5, 6, 7, 8, 9라는 데이터가 있다고 가정하겠습니다.

❶ 먼저 2, 7, 8, 9를 호출합니다.

❷ 다음으로 1, 5, 6, 7, 8을 호출합니다.

❸ 마지막으로 1, 2, 3을 호출합니다.

▼ **그림 6-11** LFU 원리

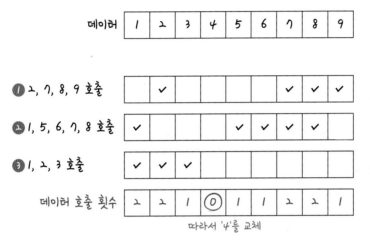

이제 각 숫자를 몇 번 호출했는지 카운트합니다. 이 중 가장 적게 호출된 데이터를 교체합니다. 가장 합리적인 방법처럼 보이죠?

마지막으로 무작위로 항목을 선택하여 교체하는 '무작위 교체(Random)' 방법도 있습니다. 다음 그림과 같이 1, 2, 3, 4라는 데이터가 있다고 가정하겠습니다.

❶ 먼저 1, 2, 3, 4를 호출합니다. 4를 가장 늦게 호출했기 때문에 4가 최신 데이터가 됩니다.

❷ 5를 추가해야 하는 상황에서 기존 데이터를 삭제해야 하는데, 무작위 교체에서는 임의의 데이터인 3을 삭제합니다. 이때, 반드시 3일 필요가 없으며 말 그대로 무작위로 교체됩니다.

❸ 5를 추가합니다.

▼ 그림 6-12 무작위 교체 원리

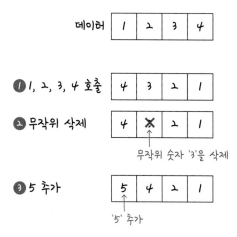

6.4.2 쓰기 정책

캐시 메모리의 쓰기 정책(Write Policies)은 데이터를 캐시 메모리에서 주기억 장치로 어떻게 쓸지 결정하는 것입니다. 이때 사용되는 방법으로는 '즉시 쓰기'와 '지연 쓰기'가 있습니다.

즉시 쓰기(write-through)는 데이터를 캐시와 주기억 장치에 동시에 씁니다. 데이터 일관성을 유지하기 쉽지만 양쪽에 동시에 쓰기 때문에 속도가 조금 느립니다.

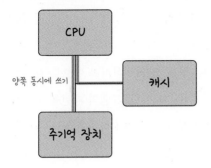

반면에 **지연 쓰기**(write-back, 혹은 write-behind)는 데이터를 캐시 메모리에만 먼저 쓰고, 수정된 데이터를 나중에 주기억 장치로 옮깁니다. 쓰기 성능은 좋으나 데이터 일관성 관리가 더 복잡할 수 있습니다.

▼ **그림 6-12** 지연 쓰기

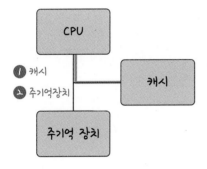

6.4.3 할당 정책

할당 정책(Allocation Policies)은 데이터를 캐시 메모리에 어떻게 불러오고 저장하는지를 결정하는 정책입니다. 이 정책은 캐시 성능에 중요한 영향을 미치며, 주로 다음과 같은 두 접근 방식을 사용합니다.

- **요구 시에만 가져오기(demand fetching)**: 가장 일반적인 할당 방식으로, CPU가 특정 데이터를 요구할 때만 해당 데이터를 캐시 메모리로 불러옵니다. 즉, 캐시 미스가 발생하면 해당 데이터를 주기억 장치에서 캐시로 가져옵니다.
- **사전에 가져오기(prefetching)**: CPU가 현재 요구하는 데이터뿐만 아니라 앞으로 요구할 것으로 예상되는 데이터를 미리 캐시 메모리에 가져옵니다. 프로그램의 패턴을 분석하여 CPU가 곧 사용할 가능성이 높은 데이터를 미리 캐시 메모리에 적재해 놓는 방식입니다.

지금까지 캐시 메모리 관리 기법에 대해 알아봤습니다. 이제 가장 중요한 것이 남았는데요.

주기억 장치의 명령어/데이터가 어떻게 캐시 메모리로 이동되어 저장되느냐?

바로 이것입니다. 하나씩 자세히 알아보겠습니다.

6.5 SECTION 캐시 메모리 매핑

주기억 장치에 저장된 명령어/데이터가 캐시 메모리에 저장되어야 하는 상황은 빈번히 발생합니다. 하지만 문제가 있습니다. 바로 캐시 메모리의 주소와 주기억 장치의 주소가 다르다는 것인데요.

먼저 데이터를 저장하는 최소 단위가 다릅니다. 캐시 메모리는 라인(line) 혹은 블록(block)이 기본 단위인 반면에 주기억 장치는 바이트(byte)[2]가 최소 단위입니다. 따라서 주기억 장치에서 캐시로 데이터가 이동될 때는 블록 단위[3]로 이동됩니다.

---

2   정보를 저장하고 표현하는 기본 단위(8비트 = 1바이트)
3   여러 바이트로 구성된 연속된 데이터의 집합

▼ 그림 6-13 데이터 저장 최소 단위 비교

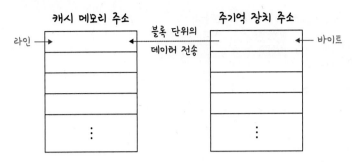

주소 구조도 다릅니다. 캐시 메모리 주소는 주로 인덱스(슬롯 번호), 태그, 오프셋으로 구성됩니다. 이때 오프셋이란 데이터가 위치한 주소를 의미합니다. 반면에 주기억 장치 주소는 블록 주소와 오프셋으로만 구성됩니다.

▼ 그림 6-14 캐시 메모리 주소 구조와 주기억 장치 주소 구조 비교

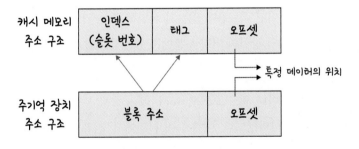

각 항목들에 대해 더 알아볼까요?

캐시 메모리는 여러 '라인(line)' 또는 '슬롯(slot)'으로 구성되어 있으며 각 라인에 데이터가 저장됩니다. 또한 각 라인에는 특정 인덱스(index)가 할당됩니다. 주기억 장치의 블록 주소 중 일부는 캐시 메모리 내 인덱스로 변환되어 캐시 메모리 내에서 데이터가 저장될 위치를 결정합니다.

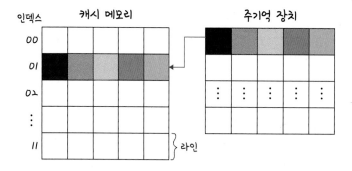

태그(tag)는 캐시 메모리 내 데이터가 원래 주기억 장치의 어느 위치에 있었는지를 나타냅니다. 예를 들어 냉장고에 여러 식료품이 들어 있다고 가정해 봅시다. 냉장고에 식료품이 너무 많으면 한눈에 파악하기 어렵겠죠? 이때 냉장고 문에 라벨(태그)을 붙여서 어떤 칸에 무엇이 들어 있는지 알 수 있게 표시할 수 있습니다. 같은 개념으로, 캐시 메모리가 냉장고 속 식료품, 라벨(태그)이 어떤 칸에 어떤 식료품이 있는지 식별해 주는 역할입니다. 쉽게 말해, 태그는 캐시 내 데이터가 주기억 장치의 어떤 부분에서 왔는지를 알려 주는 '주소 라벨'과 같습니다.

오프셋(offset, 블록 오프셋(block offset)이나 워드 오프셋(word offset)으로 부릅니다)은 캐시 라인 내에서 특정 데이터의 위치를 나타냅니다. 예를 들어 서점에서 『컴퓨터 구조』라는 책을 찾아서 73페이지를 확인해야 하는 상황을 가정해 봅시다. 먼저 컴퓨터에서 『컴퓨터 구조』라는 책을 검색하면 책이 있는 위치를 알려 줄 것입니다. A-21번 서가에 있다는 정보를 얻으면 해당 위치로 가서 책을 찾고, 책의 73페이지를 확인하겠죠? 이때 특정 페이지가 캐시 라인 내에서의 '오프셋'에 해당합니다.

이제 인덱스, 태그, 오프셋을 기준으로 캐시 메모리 주소와 주기억 장치 주소가 어떻게 매핑되는지 알아볼까요? 결론부터 말하면 다음 그림과 같이 주기억 장치 주소가 캐시 메모리의 인덱스, 태그, 오프셋으로 분리됩니다.

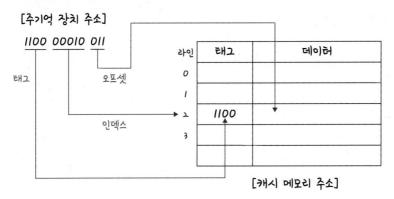
▼그림 6-16 캐시 메모리 주소와 주기억 장치 주소 매핑

원리에 대해 좀더 알아볼 텐데요. CPU가 데이터를 요청하는 과정으로 캐시 메모리 주소
와 주기억 장치 주소가 어떻게 매핑되는지 알아보겠습니다.

❶ CPU가 특정 작업을 수행하기 위해 메모리에 데이터를 요청합니다. 즉, 주기억 장치
주소로 데이터 요청이 이루어집니다.

❷ 주기억 장치 주소는 태그, 인덱스, 오프셋으로 분리됩니다. 이때 태그는 주기억 장치
주소의 상위 비트, 인덱스는 중간 비트가 됩니다.

▼그림 6-17 주소 분할 예시

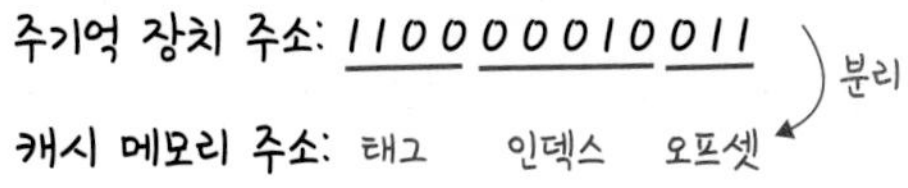

주기억 장치 주소: 110000010011 ⟩ 분리

캐시 메모리 주소: 태그　　인덱스　오프셋

❸ 분할된 인덱스 부분을 사용하여, 해당 인덱스가 캐시 메모리의 어느 라인에 매핑되는
지 찾습니다.

❹ 캐시 메모리에서 찾은 라인의 태그와 주기억 장치 주소의 태그에 해당되는 부분을 비
교하여 일치하는지 확인합니다.

❺ 태그가 일치한다면, 요청된 데이터가 캐시에 이미 있다는 의미입니다. 그러면 오프셋
을 사용하여 해당 데이터를 CPU에 제공합니다. 만약 태그가 일치하지 않는다면 데이
터가 캐시에 없는 것으로 간주하여 주기억 장치에서 해당 데이터를 캐시 메모리로 가

겨와서 CPU에 전달합니다. 이때 캐시 메모리로 데이터를 가져오기 위해 기존 데이터는 교체 정책에 따라 삭제될 수 있습니다.

이 과정을 그림으로 표현하면 다음과 같습니다.

▼ **그림 6-18** 주소 매핑 전체 과정

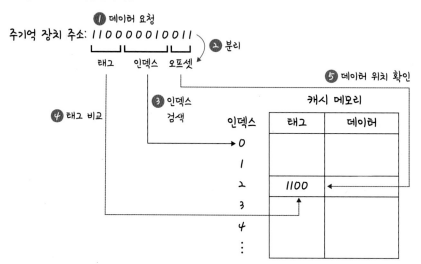

이 과정을 이해하는 것이 조금 어렵다면 그림과 함께 여러 차례 읽어 보기를 권합니다.

6.6 SECTION / 캐시 플러시

캐시 플러시(cache flush)는 캐시 메모리에 저장된 모든 데이터를 주기억 장치로 옮기고, 캐시를 초기 상태로 되돌리는 과정을 의미합니다. 이 과정은 주로 컴퓨터를 안전하게 종료하거나 재부팅하기 전에 모든 변경 사항을 주기억 장치에 저장해야 할 때 발생합니다.

캐시 플러시 과정은 다음과 같이 진행됩니다.

❶ 캐시 내 각 라인을 검사하여 더티 데이터(dirty data)[4]가 있는지 확인합니다.

❷ 더티 데이터가 있을 경우, 데이터를 주기억 장치에 씁니다.

❸ 캐시 메모리 내 모든 데이터가 주기억 장치로 쓰인 후, 캐시 메모리는 초기화되어 모든 라인이 빈 상태가 됩니다.

▼ **그림 6-19** 캐시 플러시와 캐시 클린

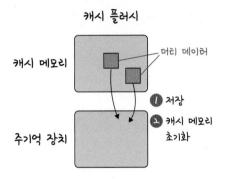

또한 캐시 클린이라는 것도 있습니다. 캐시 클린(cache clean)은 캐시 내의 특정 데이터가 더티하지 않은 경우(이미 주기억 장치와 동기화되어 있는 경우)에는 그대로 두고, 더티한 데이터만 주기억 장치로 쓰는 것을 의미합니다. 따라서 캐시 클린은 데이터를 주기억 장치로 쓰지 않고, 캐시 내에서만 데이터를 관리하는 용도로도 사용됩니다.

6.7
SECTION 핵심 요약

1. 캐시 메모리는 CPU와 주기억 장치 사이의 속도 차이를 극복하기 위해 사용되는 고속의 작은 메모리입니다.

---

4   캐시 메모리에 저장된 데이터가 주기억 장치에 저장된 데이터와 다른 경우

2. 지역성은 CPU의 메모리 사용 패턴을 설명하는 원리입니다.

3. LRU(Least Recently Used)는 가장 오랫동안 사용하지 않은 항목을 교체합니다.

4. LFU(Least Frequently Used)는 가장 적게 사용한 항목을 교체합니다.

5. 할당 방식은 데이터를 캐시 메모리에 어떻게 불러오고 저장하는지를 결정하는 정책입니다.

6. 태그는 캐시 메모리 내 데이터가 원래 주기억 장치의 어느 위치에 있었는지를 나타냅니다.

7. 오프셋은 캐시 라인 내에서 특정 데이터의 위치를 나타냅니다.

8. 캐시 플러시는 캐시 메모리에 저장된 모든 데이터를 주기억 장치로 옮기고, 캐시를 초기 상태로 되돌리는 과정을 의미합니다.

6.8 / 확인 문제

1. ( )은/는 CPU가 데이터를 요청했을 때 해당 데이터가 캐시 메모리에 있는 경우입니다.

2. ( )은/는 CPU가 데이터를 요청했을 때 해당 데이터가 캐시 메모리에 없는 경우입니다.

3. ( )은/는 CPU에 가장 가까이 위치한 캐시를 말합니다.

4. ( )은/는 메모리에 연속된 위치에 저장된 데이터가 연속적으로 사용될 가능성이 높다는 의미입니다.

5. ( )은/는 데이터를 캐시와 주기억 장치에 동시에 쓰는 것을 말합니다.

6. ( )은/는 데이터를 캐시 메모리에만 먼저 쓰고, 수정된 데이터를 나중에 주기억 장치로 옮기는 것을 말합니다.

7. 캐시 메모리는 (   )이/가 최소 단위인 반면에, 주기억 장치는 (   ) 이/가 최소 단위입니다.

8. (   )은/는 캐시 메모리에 저장된 데이터가 주기억 장치에 저장된 데이터와 다른 경우를 의미합니다.

9. (   )은/는 데이터를 주기억 장치로 쓰지 않고, 캐시 내에서만 데이터를 관리하는 용도로도 사용됩니다.

정답

1. 캐시 히트   2. 캐시 미스   3. L1 캐시   4. 공간 지역성   5. 즉시 쓰기   6. 지연 쓰기   7. 라인(혹은 블록), 바이트   8. 더티 데이터
9. 캐시 클린

CHAPTER 7

보조기억 장치는
어떻게 동작하나요?

보조기억 장치(secondary storage)는 컴퓨터에서 데이터를 장기간 저장하기 위한 장치입니다. 주기억 장치와 달리, 보조기억 장치에 저장된 데이터는 컴퓨터 전원이 꺼져도 유지됩니다. 데이터를 영구적으로 보관할 수 있으며 주기억 장치보다 더 큰 저장 용량을 제공합니다.

7.1 / 하드 디스크

SECTION

보조기억 장치 중 대표적인 것이 하드 디스크인데요. 하드 디스크의 정확한 명칭은 하드 디스크 드라이브(Hard Disk Drive, 이하 하드 디스크 혹은 디스크)입니다. 하드 디스크는 컴퓨터에서 데이터를 저장하는 주요 장치 중 하나로, 수십 GB에서 수백 TB에 이르는 많은 양의 데이터를 영구적으로 저장할 수 있는 비휘발성 저장 장치입니다. 하드 디스크는 내부적으로 자성을 가진 회전하는 디스크(플래터) 위에 데이터를 기록하고 읽어내는 방식으로 작동합니다.

▼ **그림 7-1** 하드 디스크

하드 디스크는 대용량 데이터 저장이 필요한 데스크톱, 서버 등에 사용됩니다. 최근에는 더 빠르고 효율적인 SSD가 점점 많이 사용되는 추세이나, 비용 효율성과 대용량 저장 필요성 때문에 여전히 하드 디스크가 많이 사용되고 있습니다.

7.1.1 핵심 구성 요소

하드 디스크가 무엇인지 핵심 구성 요소부터 알아봅시다.

하드 디스크의 핵심 구성 요소로는 플래터, 헤드, 액추에이터, 실린더 등이 있습니다.

플래터(platter)는 하드 디스크 내부에 있는 평평한 원반 모양의 부품입니다. 보통 알루미늄이나 유리로 만들며 양면이 자성 재료로 코팅되어 있습니다. 플래터는 스핀들을 중심으로 회전하며, 이 표면에 데이터가 자기적으로 기록됩니다. **스핀들**(spindle)은 플래터를 회전시키는 중심축입니다.

헤드(head)는 플래터의 표면 바로 위를 떠다니며 데이터를 읽고 쓰는 역할을 하기 때문에 '읽기/쓰기(Read/Write) 헤드'라고도 부릅니다. 헤드는 액추에이터에 의해 제어되어 데이터를 읽거나 쓸 특정 위치로 이동하게 됩니다.

▼ **그림 7-2** 하드 디스크 구조 외부

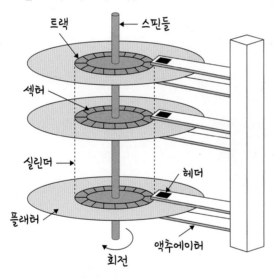

액추에이터(actuator)는 헤드를 정확한 위치로 이동시키는 기계 장치입니다. 고정된 축 주위를 회전하면서 헤드를 플래터 표면 위 올바른 트랙으로 이동시킵니다. 그렇다면 트랙도 알아봐야 하겠죠?

트랙(track)은 플래터의 자기 표면에 나타나는 동심원 모양의 경로로써 데이터가 저장되는 물리적 위치입니다. 하나의 트랙은 여러 섹터로 구분되어 있습니다.

꼬리에 꼬리를 물고 새로운 단어들이 등장하네요. **섹터**(sector)는 디스크 저장 공간의 기본 단위입니다. 섹터는 보통 512바이트 혹은 4킬로바이트 크기를 가집니다.

마지막으로 **실린더**(cylinder)는 여러 플래터에 걸쳐 있는 동일한 트랙 번호를 가진 트랙들의 집합입니다. 실린더는 하드 디스크 구조에서 가상적인 '원통'을 형성하며, 각 플래터의 동일한 위치에 있는 트랙들이 모여 하나의 실린더를 이룹니다. 데이터는 이 실린더 전체에 걸쳐 분산되어 저장되며, 헤드는 이 실린더들을 따라 이동하면서 데이터를 읽고 씁니다.

이 용어들을 실제 하드 디스크에서 살펴보세요.

▼ **그림 7-3** 실제 하드 디스크

7.1.2 하드 디스크 동작 과정

하드 디스크는 기계적이고 전자기적인 원리를 이용하여 동작합니다. 사용자가 데이터를 저장하려고 할 때, 하드 디스크 컨트롤러(Hard Disk Controller, HDC)[1]는 데이터를 플래터의 특정 영역에 저장할 위치를 결정합니다. 헤드는 이 위치에 자기 신호를 사용하여 데이터를 씁니다.

---

1   하드 디스크와 컴퓨터 간 통신을 관리하고 조정하는 역할을 함

하드 디스크에서 데이터를 읽는 과정과 하드 디스크에 데이터를 쓰는 과정을 나누어서 알아보겠습니다.

(1) 하드 디스크에서 데이터를 읽는 과정

❶ 액추에이터는 요청받은 데이터가 있는 플래터의 특정 트랙으로 읽기/쓰기 헤드를 움직입니다.

❷ 플래터가 회전하면서 헤드 아래로 데이터가 지나가게 됩니다.

❸ 헤드는 자기 정보를 읽어 전기 신호로 변환합니다. 이 신호는 하드 디스크 컨트롤러에 의해 디지털 데이터[2]로 다시 변환됩니다.

정리하면 플래터가 회전하면서 특정 데이터가 헤드 위치 아래로 오게 되고, 헤드는 이 위치에서 데이터를 읽습니다.

이번에는 하드 디스크에 데이터를 쓰는 과정에 대해 알아보겠습니다.

(2) 하드 디스크에 데이터를 쓰는 과정

❶ 데이터를 저장할 위치로 읽기/쓰기 헤드가 이동합니다. 저장 위치는 플래터의 특정 트랙과 섹터로 정해집니다.

❷ 플래터가 지정된 위치로 회전하면, 읽기/쓰기 헤드는 자기 신호를 사용하여 데이터를 플래터의 표면에 저장합니다.

❸ 데이터가 성공적으로 플래터에 저장되면, 하드 디스크 컨트롤러는 CPU에게 쓰기 작업이 완료되었음을 알리고, 이에 대한 상태 정보를 보고합니다.

지금까지 하드 디스크의 기본 원리에 대해 살펴봤습니다. 다음으로 디스크 스케줄링에 대해 알아보겠습니다.

---

2   이진수(0과 1)로 표현한 형태

플래시 메모리

하드 디스크와 함께 대표적인 주기억 장치로는 플래시 메모리가 있습니다.

플래시 메모리는 전기적으로 데이터를 지우고 다시 기록할 수 있는 저장 장치입니다. 따라서 메모리 카드나 USB 드라이브처럼 데이터를 자주 변경해야 하는 장치에 유용하지요.

▼ **그림 7-4** 플래시 메모리

또한 플래시 메모리는 SSD의 핵심 구성 요소입니다. SSD(Solid State Drive)는 데이터를 저장하는 장치로, 전통적인 하드 디스크 드라이브(HDD)의 대체재입니다.

▼ **그림 7-5** SSD

노트북을 구매할 때 하드웨어 사양을 확인할 텐데, 예를 들면 다음과 같습니다.

▼ **그림 7-6** 노트북 구매 시 확인하는 정보

CPU	intel core i7-8565U
운영체제	윈도우 10
그래픽	Intel UHD620 Graphics
디스플레이	15.6인치 (39.6cm)
해상도	FHD 1920X1080
메모리	DDR4
저장장치	SSD 장착

저장 장치 부분에 SSD라고 표시되어 있지요? SSD는 데이터에 접근하고 쓰는 속도가 매우 빠른 저장 장치라고 이해하면 됩니다. 또한 하드 디스크 드라이브(HDD)와 다르게 움직이는 부품이 없어 조용하게 작동합니다. 뿐만 아니라 전력 소모가 적고 발열이 낮아서 노트북, 데스크탑, 서버 등 다양한 종류의 컴퓨터뿐만 아니라 게임 콘솔 같은 전자 장치에도 사용됩니다.

7.2 / 디스크 스케줄링

디스크 스케줄링(disk scheduling)은 운영체제가 디스크 입출력 요청을 효율적으로 처리하기 위해 사용하는 방법입니다. 디스크는 컴퓨터의 부품 중 하나이므로, 헤드의 움직임을 최소화하여 더 빠르고 효율적으로 데이터를 읽고 쓸 수 있어야 하는데, 이를 위해 FCFS, SSTF 같은 다양한 방식을 사용합니다.

7.2.1 FCFS

FCFS(First Come First Served)는 읽기 혹은 쓰기 요청이 도착한 순서대로 큐(queue)[3]에 넣고, 차례대로 처리합니다.

예를 들어 레스토랑에 들어갔다고 상상해 보세요. 손님은 도착한 차례대로 줄을 서고, 종업원은 도착한 순서대로 주문을 받습니다. 주문이 복잡하든 단순하든 간에 종업원은 누가 먼저 도착했는지만 고려합니다. 이러한 방식이 FCFS입니다.

이번에는 디스크를 이용한 예를 들어 볼까요? 다음과 같은 요청이 들어왔다고 가정해 봅시다.

- 56번 트랙에 대한 요청
- 23번 트랙에 대한 요청
- 89번 트랙에 대한 요청
- 12번 트랙에 대한 요청

FCFS를 적용하면, 디스크 스케줄러는 정확히 요청이 들어온 순서대로 처리합니다. 즉, 56번 트랙에 대한 요청을 먼저 처리한 뒤 23번, 89번, 마지막으로 12번 트랙의 요청을 처리합니다.

---

3 특정 처리를 위해 대기 중인 작업이나 요청의 목록

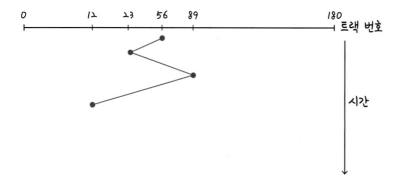

▼ 그림 7-7 FCFS

요청 트랙: 56, 23, 89, 12

7.2.2 SSTF

SSTF(Shortest Seek Time First)는 입출력 요청을 처리할 때 디스크 헤드의 이동 거리를 최소화하는 것을 목표로 하는 방식입니다. 따라서 현재 헤드 위치에서 가장 가까운 트랙 위치에 있는 요청을 먼저 처리합니다.

예를 들어 디스크 헤드가 현재 50번 트랙에 위치해 있다고 가정해 볼까요? 이 상태에서 다음과 같은 요청이 들어왔습니다.

- 40번 트랙
- 10번 트랙
- 55번 트랙
- 60번 트랙

SSTF 동작 원리에 따라 디스크 헤드는 현재 위치인 50번 트랙에서 가장 가까운 요청부터 처리합니다. 가장 가까운 요청은 55번 트랙이므로 이 요청을 먼저 처리하고, 다음으로 60번 트랙, 다음으로 40번 트랙, 마지막으로 10번 트랙순으로 처리합니다.

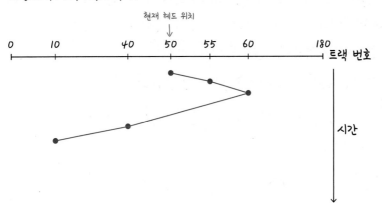

▼ 그림 7-8 SSTF

요청 트랙: 40, 10, 55, 60

SSTF를 사용하면 데이터를 읽거나 쓰기 위해 헤드가 올바른 트랙(데이터가 저장된 위치)에 도달하기까지 걸리는 시간을 감소시킬 수 있지만, 디스크 헤드 근처에서 계속 요청이 발생하면 먼 거리에 있는 요청은 매우 오랫동안 대기해야 할 수 있습니다. 이를 기아 상태(starvation)라고 합니다.

7.2.3 SCAN

SCAN은 디스크 헤드가 특정 방향으로 움직이면서 그 방향에 있는 요청을 처리하고, 끝에 도달하면 반대 방향으로 이동하면서 나머지 요청을 처리하는 방식으로 '엘리베이터 알고리즘'이라고도 부릅니다. 이 방식은 헤드를 더 효율적으로 움직이고, 서비스 시간을 더 공평하게 제공하려는 목적으로 설계되었습니다.

예를 들어 호텔의 한 층을 청소하는 상황을 생각해 봅시다. 복도 양쪽에 여러 방이 있고, 각 방에는 청소를 요청한 손님들이 있습니다. 이때 복도 한쪽 끝에서 시작해 복도를 따라 한 방향으로 이동하면서 청소가 필요한 방을 청소한 후, 반대 방향으로 이동하면서 나머지 청소를 하는 방식과 유사합니다.

이번에는 디스크를 예로 들어 볼까요? 디스크 헤드가 현재 100번 트랙에 있고, 디스크는 0번부터 199번 트랙까지 있습니다. 대기 중인 요청은 35번, 50번, 10번, 90번, 150번, 180번 트랙에 있습니다.

만약 디스크 헤드가 증가하는 방향으로 움직이고 있다면, SCAN 동작 원리에 따라 다음과 같이 요청을 처리합니다.

❶ 먼저 100번 트랙에서 가장 가깝고, 증가하는 방향의 트랙인 150번 트랙으로 이동합니다.

❷ 다음으로 180번 트랙의 요청을 처리합니다.

❸ 트랙의 끝인 199번에 도달하면, 디스크 헤드는 반대 방향인 감소하는 방향으로 이동하기 시작합니다.

❹ 90번 트랙의 요청을 처리합니다.

❺ 순서대로 50번, 35번, 마지막으로 10번 트랙의 요청을 처리합니다.

▼ **그림 7-9** SCAN

요청 트랙: 35, 50, 10, 90, 150, 180

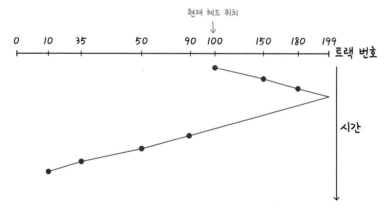

이 방법은 기아 상태가 발생하지 않지만, 디스크 헤드가 트랙의 끝까지 갔다가 다시 돌아오는 '턴 어라운드(turnaround)' 때문에 효율성이 떨어질 수 있습니다.

7.2.4 C-SCAN

C-SCAN(Circular SCAN)은 헤드가 디스크의 한 방향으로만 이동하면서 데이터 요청을 처리하는 방식입니다.

예를 들어 하드 디스크의 헤드가 현재 150번 트랙에 있다고 가정해 봅시다. 디스크는 0번부터 250번 트랙까지 있고, 다음과 같은 입출력 요청이 대기 중입니다.

- 90번 트랙
- 135번 트랙
- 210번 트랙
- 240번 트랙

디스크 헤드가 현재 증가하는 방향으로 움직이고 있다고 할 때, 헤드는 C-SCAN 동작 원리에 따라 다음과 같이 요청을 처리합니다.

❶ 먼저 150번 트랙에서 가장 가깝고, 증가하는 방향의 요청인 210번 트랙으로 이동합니다.

❷ 다음으로 240번 트랙의 요청을 처리합니다.

❸ 트랙의 끝인 250번에 도달하면, 헤드는 가장 낮은 주소인 0번 트랙으로 빠르게 이동합니다. 단, 이때는 요청을 처리하지 않습니다.

❹ 헤드가 0번 트랙에 도달하면, 다시 증가하는 방향으로 이동을 시작하고, 90번 트랙과 135번 트랙의 요청을 처리합니다.

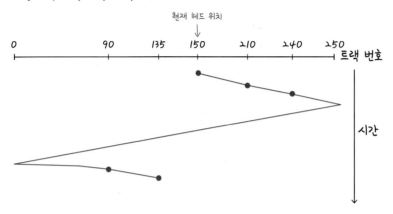

▼ 그림 7-10 C-SCAN

요청 트랙: 90, 135, 210, 240

7.2.5 LOOK

LOOK은 SCAN과 유사하지만 디스크 헤드가 트랙의 끝까지 갔다가 되돌아오는 대신, 요청이 있는 마지막 트랙에서 방향을 바꿔 이동을 시작하는 점이 다릅니다. 즉, 다음과 같은 순서로 데이터를 처리합니다.

- 디스크 헤드는 현재 위치에서 가장 가까운 요청을 향해 이동을 시작합니다.
- 이동하는 방향에 있는 요청들을 순차적으로 처리합니다.
- 요청이 더 이상 없으면, 즉 요청이 있는 마지막 트랙에 도달하면 이동 방향을 반대로 바꿉니다.
- 새로운 방향에서 요청을 만날 때까지 이동하며, 만나는 요청들을 처리합니다.

예를 들어 디스크 헤드가 현재 150번 트랙에 위치해 있다고 가정해 봅시다. 디스크는 0번 부터 190번 트랙까지 있고, 대기 중인 요청이 100번, 180번, 130번, 170번, 80번 트랙에 있습니다.

❶ 먼저 150번 트랙에서 가장 가깝고, 증가하는 방향의 요청인 170번 트랙으로 이동합니다.

❷ 다음으로 180번 트랙의 요청을 처리합니다.

❸ 이제 증가하는 방향에 더 이상 요청이 없으므로 디스크 헤드는 방향을 전환합니다.

❹ 이동하면서 130번 트랙의 요청을 처리하고, 100번 트랙으로 이동합니다.

❺ 마지막으로 80번 트랙의 요청을 처리합니다.

▼ 그림 7-11 LOOK

요청 트랙: 100, 180, 130, 170, 80

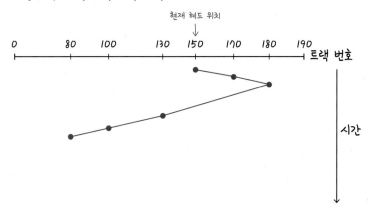

LOOK은 SCAN과 비교했을 때, 헤드가 디스크의 물리적인 끝까지 이동하지 않아도 되므로 트랙 끝에 요청이 없을 때 불필요한 이동을 줄여 줍니다.

7.2.6 C-LOOK

C-LOOK(Circular LOOK)은 LOOK의 변형으로, C-SCAN의 개념을 따르되 헤드가 더 이상 처리할 요청이 없으면 가장 낮은(또는 가장 높은) 요청이 있는 트랙으로 바로 돌아가는 방식입니다.

예를 들어 디스크 헤드가 현재 150번 트랙에 있다고 가정해 봅시다. 디스크는 0번부터 190번 트랙까지 있고, 요청이 100번, 180번, 130번, 170번, 80번 트랙에 있습니다. 헤드가 증가하는 방향으로 이동 중이라고 할 때, C-LOOK 알고리즘은 다음과 같이 작동합니다.

❶ 헤드는 150번 트랙에서 가장 가깝고, 증가하는 방향의 요청인 170번 트랙으로 이동해 요청을 처리합니다.

❷ 다음으로 180번 트랙의 요청을 처리합니다.

❸ 증가하는 방향의 마지막 요청을 처리한 후, 헤드는 가장 낮은 요청이 있는 80번 트랙으로 바로 돌아갑니다. 이 과정에서 요청을 처리하지는 않습니다.

❹ 헤드가 80번 트랙에 도달하면, 다시 증가하는 방향으로 이동을 시작하고 100번 트랙과 130번 트랙의 요청을 처리합니다.

▼ **그림 7-12** C-LOOK

요청 트랙: 100, 180, 130, 170, 80

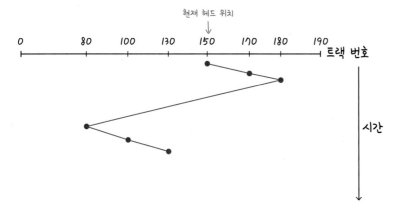

7.3 / RAID

SECTION

RAID(Redundant Array of Independent Disk)는 여러 디스크에 데이터를 중복 저장하여 데이터의 안정성을 높이거나 입출력 성능을 향상시키기 위한 데이터 저장 기술입니다. 이 기술을 이용하면 데이터를 더 빠르게 처리할 뿐만 아니라 데이터에 문제가 발생했을 때 빠르게 복구할 수 있습니다.

RAID 기술에는 크게 스트라이핑과 미러링이 있으며, 이 방식을 이용해 RAID 0, RAID 1과 같은 구성이 가능합니다.

7.3.1 스트라이핑과 미러링

스트라이핑(stripping)은 RAID 구성에서 데이터를 여러 디스크에 분산하여 저장하는 방식을 의미합니다. 데이터를 스트라이핑이라는 단위로 나누어 서로 다른 디스크에 저장하는 방식으로, 여러 디스크에 동시에 읽기/쓰기를 할 수 있습니다. 이를 통해 디스크 접근 속도를 향상시키고, 여러 디스크에 데이터를 분산함으로써 안정성을 높일 수 있습니다.

▼ **그림 7-13** 블록 단위의 스트라이핑

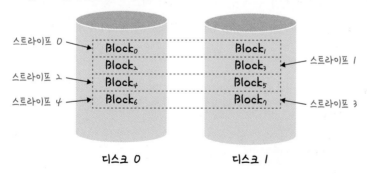

스트라이핑을 이용한 대표적인 구성이 RAID 0입니다.

미러링(mirroring)은 RAID의 한 형태로, 데이터의 안정성을 높이기 위해 하나의 데이터를 두 디스크에 쓰는 방식입니다. 두 디스크가 동일한 데이터를 갖게 되어 디스크 하나에 문제가 생기더라도 다른 디스크에서 데이터를 복구할 수 있습니다.

▼ **그림 7-14** 미러링

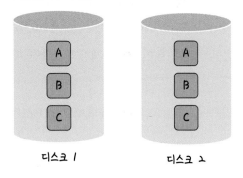

일반적으로 미러링은 RAID 1 구성을 지칭합니다.

7.3.2 RAID 0

RAID 0은 스트라이핑 기술을 이용하여 여러 디스크에 데이터를 분산 저장하는 방식입니다. 이 방식은 주로 성능 향상을 목적으로 사용하며 디스크 두 개 이상에 데이터를 나누어 저장함으로써 데이터 처리 속도를 높일 수 있습니다. 따라서 디스크 용량 측면에서는 다음과 같이 500GB 용량의 디스크 두 개를 RAID 0으로 구성하면 총 1TB 용량을 사용할 수 있게 됩니다.

▼ **그림 7-15** RAID 0 구성에 대한 디스크 용량

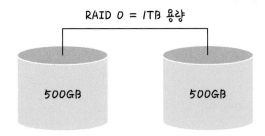

RAID 0 동작 원리에 대해서 좀 더 자세히 살펴볼까요?

❶ 데이터를 '스트라이핑'이라는 단위로 분할합니다.

❷ 분할된 데이터를 순차적으로 저장합니다. 예를 들어 첫 번째 데이터는 첫 번째 디스크에, 두 번째 데이터는 두 번째 디스크에 저장합니다.

❸ 데이터가 여러 디스크에 분산되므로 동시에 여러 디스크에서 데이터를 읽거나 쓸 수 있습니다.

▼ **그림 7-16** RAID 0

그런데 RAID 0은 중복으로 저장하지 않기 때문에 디스크 하나에서 문제가 발생할 경우 복구할 수 있는 방법이 없습니다.

7.3.3 RAID 1

RAID 1은 미러링 기술을 이용하여 디스크 두 개 이상에 동일한 데이터를 저장하는 방식입니다. 이 구성은 모든 데이터가 각 디스크에 동일하게 기록되므로 어떤 디스크 하나에 문제가 발생해도 다른 디스크에서 데이터를 복구할 수 있습니다.

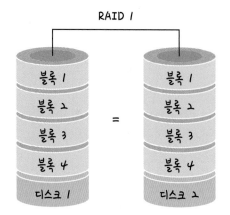

RAID 1은 단일 디스크를 사용할 때보다 읽기 속도는 빠르지만 모든 미러된 디스크에 데이터를 저장해야 하므로 쓰기 속도는 느립니다. 하지만 안정성 측면에서는 뛰어난 방식입니다. 또한 데이터를 중복 저장하므로 다음과 같이 디스크 가용 공간도 반으로 줄어듭니다.

▼ **그림 7-18** RAID 1 구성에 대한 디스크 용량

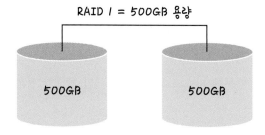

7.3.4 RAID 5

RAID 5는 스트라이핑에 패리티를 추가한 기술로, 디스크가 세 개 이상 필요합니다. 이 방식은 데이터를 모든 디스크에 분산하여 저장합니다. 또한 각 스트라이핑에 패리티 정보를 추가하기 때문에 특정 디스크에서 오류가 발생하더라도 데이터 손실이 발생하지 않습니다. 이처럼 RAID 5는 데이터 안정성과 성능을 모두 향상시키려는 목적으로 설계되었습니다.

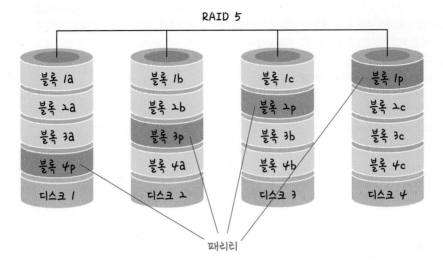

디스크 하나를 패리티 용도로 사용하므로 디스크 용량이 총 1.5TB라도 데이터를 저장할 수 있는 공간은 1TB입니다.

▼ 그림 7-20 RAID 5 구성에 대한 디스크 용량

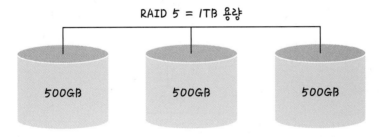

노트

패리티

RAID에서의 '패리티(parity)'는 데이터의 무결성을 보장하고, 하드 디스크에 장애가 생겼을 때 데이터를 복구할 수 있게 하는 중요한 메커니즘입니다. 패리티 정보는 연관된 데이터 블록들의 비트별 XOR 연산을 통해 생성됩니다.

(1) 패리티 생성 과정

데이터가 A, B, C 세 블록으로 구성되었으며, RAID 5로 구성된 하드 디스크에 분산 저장하는 예를 생각해 보겠습니다.

◐ 계속

일반적으로 데이터 블록 하나는 여러 비트로 구성되어 있습니다. 각 데이터 블록에 위치해 있는 비트들을 XOR 연산합니다. 예를 들어 A, B, C의 첫 번째 비트를 XOR 연산합니다. A, B, C 각 데이터 블록에서 동일한 위치의 비트를 XOR 연산한 결과가 패리티 블록 P의 비트가 됩니다. 즉, P는 A XOR B XOR C의 연산 결과인 것입니다.

XOR 연산 결과인 P는 데이터를 복구할 때 사용됩니다.

(2) 패리티를 이용한 복구

만약 B 블록의 데이터가 손실되면, 남아 있는 A, C 블록과 P(패리티) 블록을 사용하여 B를 복구할 수 있습니다. 즉, B = A XOR C XOR P로 계산하여 B 블록을 복구합니다.

7.3.5 RAID 1+0

RAID 1+0은 미러링(RAID 1)과 스트라이핑(RAID 0)을 결합한 것입니다. 이때 핵심은 RAID 1을 먼저 구성하고 RAID 0을 나중에 구성하는 것입니다. 데이터 접근 속도와 안정성(데이터 중복 저장)의 균형을 잘 맞추기 위해 설계된 방식이기 때문에 고성능과 고신뢰성이 모두 필요한 환경에 적합합니다.

▼ 그림 **7-21** RAID 1+0

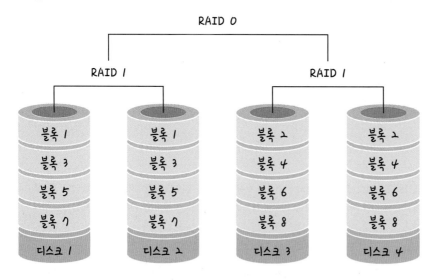

그림을 보면 디스크를 총 4개 사용하지만 2개씩 RAID 1을 먼저 구성한 후 RAID 0을 구성하는 것을 확인할 수 있습니다. 따라서 디스크 용량 측면에서 500GB짜리 디스크 4개를 사용한다면 가용 공간은 그 절반인 1TB가 됩니다.

▼ 그림 7-22 RAID 1+0 구성에 대한 디스크 용량

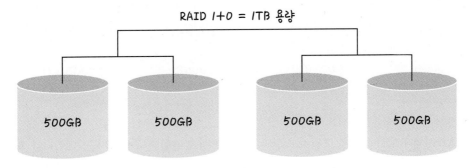

7.3.6 RAID 0+1

RAID 0+1은 스트라이핑과 미러링의 특징을 결합한 구성 방식입니다. 먼저 여러 디스크에 데이터를 분산 저장하는 스트라이핑을 적용한 후, 그 결과로 만들어진 스트라이핑에 미러링을 구성합니다. 이를 통해 높은 데이터 처리 속도와 중복성을 동시에 제공합니다.

▼ 그림 7-23 RAID 0+1

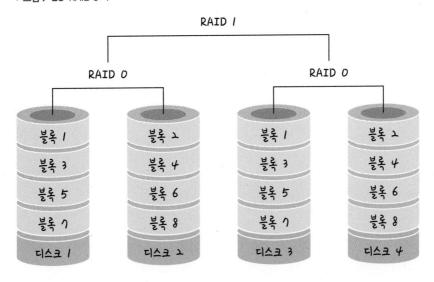

RAID 0+1 역시 500GB짜리 디스크 4개를 사용할 경우 가용 공간은 그 절반인 1TB입니다.

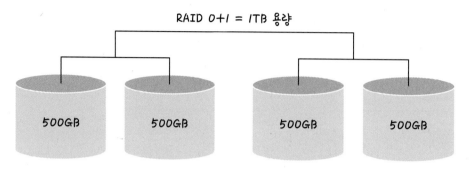

RAID 0+1과 RAID 1+0은 모두 미러링과 스트라이핑을 결합한 구성이지만, 데이터를 조직화하고 장애가 발생했을 때 복구하는 방법에는 차이가 있습니다.

장애 허용성

RAID 1+0은 RAID 0+1에 비해 더 높은 장애 허용성을 제공합니다. RAID 1+0에서는 한 미러쌍 내에서 디스크 하나(예 디스크1, 디스크3)에 문제가 발생해도 컴퓨터는 계속 동작할 수 있습니다.

▼ **그림 7-25** RAID 1+0에서 디스크 하나가 실패한 경우

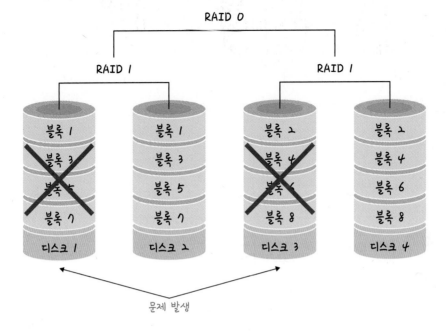

반면에 RAID 0+1에서는 디스크1과 디스크3에서 동시에 문제가 발생하면 데이터를 복구할 방법이 없습니다.

▼ **그림 7-26** RAID 0+1에서 디스크 하나가 실패한 경우

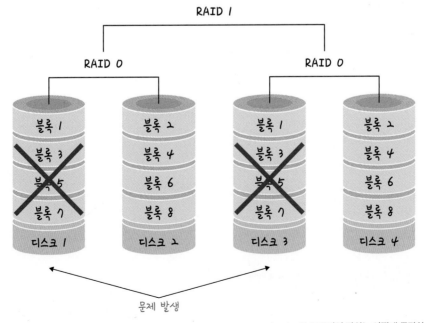

복구 용이성

RAID 1+0은 RAID 0+1보다 복구가 더 용이합니다. RAID 1+0은 개별 디스크가 실패하더라도 다른 미러링된 디스크로부터 복구할 수 있지만, RAID 0+1은 스트라이핑 전체를 복구해야 하는 경우가 생길 수 있습니다.

정리하면 일반적으로 RAID 1+0은 RAID 0+1에 비해 더 안정적이고, 더 선호하는 구성이라고 할 수 있습니다.

7.4 / 네트워크 스토리지
SECTION

네트워크 스토리지(network storage)란 여러 사용자가 네트워크를 통해 공유하고 접근할 수 있는 데이터 저장 공간입니다. 일반적으로 네트워크에 연결된 여러 장치(예 사용자 컴퓨터 및 서버[4])가 접속해서 사용할 수 있기 때문에 백업이나 파일 공유 용도로 사용합니다. 대표적으로 DAS, NAS, SAN이 있습니다.

---

4 네트워크를 통해 다른 컴퓨터나 장치에 데이터, 서비스를 제공하는 고성능의 컴퓨터

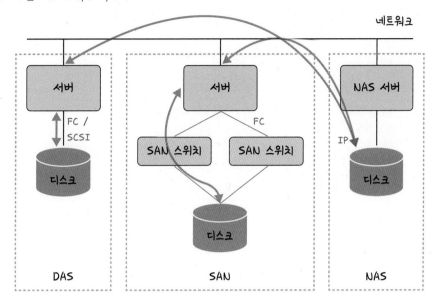

▼ **그림 7-27** DAS, SAN, NAS

DAS(Direct-Attached Storage)는 컴퓨터와 저장 장치를 FC나 SCSI라고 하는 전용 케이블로 직접 연결하는 방법입니다. 직접 연결한 만큼 속도가 빠르지만, 다른 서버에서는 접근이 불가능하기 때문에 파일 공유 용도로는 사용할 수 없습니다.

NAS(Network-Attached Storage)는 여러 사용자와 데이터를 공유할 수 있는 전용 데이터 스토리지입니다. 일반적으로 IP를 통해 데이터를 전송하며 여러 사용자가 동시에 접근할 수 있지만 대량 데이터를 동시에 보내면 속도가 늦어질 수 있습니다. NAS는 주로 데이터 백업, 파일 공유 등 다양한 용도로 사용합니다.

SAN(Storage Area Network)은 고성능 네트워크 스토리지로 SAN 스위치를 이용해 서버와 저장 장치를 연결합니다. 주로 대규모 스토리지 환경에서 사용하며 높은 처리 속도를 제공합니다.

DAS, NAS, SAN을 표로 정리하면 다음과 같습니다.

▼ 표 7-1 DAS, NAS, SAN 비교

구분	DAS	NAS	SAN
파일 공유	불가	가능	불가
속도 결정 요인	채널(channel)[4] 속도/거리	채널 속도/거리	채널 속도/거리
장점	설치 용이, 저렴한 가격	다른 장치 간 파일 공유 가능	고성능
단점	제한된 접속, 확장성이 유연하지 않음	사용자가 많은 양의 데이터를 저장하거나 수정할 경우, 다른 장치(폐 이메일 서버)들은 네트워크 사용이 불가할 수 있음	고비용
활용 분야	소규모 독립 시스템	이메일 서버, 파일 공유 서버	데이터베이스 서버

노트

FC, SCSI, SAN 스위치

FC(Fibre Channel)와 SCSI(Small Computer System Interface)는 데이터 전송과 관련한 기술입니다.

▼ 그림 7-28 FC와 SCSI

FC   SCSI

FC는 컴퓨터와 저장 장치(폐 스토리지)를 연결하기 위한 고속의 네트워크 기술입니다. 광케이블과 동축 케이블을 모두 사용할 수 있으며, 초당 수 기가비트의 높은 데이터 전송 속도를 제공합니다. SCSI 역시 컴퓨터와 저장 장치나 프린터 같은 주변 장치를 연결할 때 사용되는 네트워크 기술입니다.

그리고 SAN 스위치(switch)는 서버와 스토리지를 연결하는 장치입니다. 말 그대로 네트워크에서 사용하는 스위치의 일종이라고 이해하면 됩니다. 따라서 트래픽을 관리하는 등 서버와 스토리지 장치 간 통신을 원활하게 하는 데 중요한 역할을 합니다.

▼ 그림 7-29 SAN 스위치

---

5   데이터가 전달되는 통로

7.5 내결함성과 고가용성

내결함성(Fault Tolerance, FT)과 고가용성(High Availability, HA)은 컴퓨터의 안정성과 지속적인 운영을 보장하기 위한 기술입니다.

- **내결함성**: 컴퓨터의 일부분에 결함이 발생해도 전체 시스템의 운영에 영향을 주지 않도록 하는 기술입니다. 이때 결함은 하드웨어 결함도 있지만 소프트웨어 결함도 포함합니다.

- **고가용성**: 컴퓨터가 최대한 적은 다운타임으로 운영되도록 보장하는 기술입니다.

둘 다 컴퓨터를 안정적으로 운영하기 위한 기술인데 상당히 유사하기 때문에 차이점을 구분하기가 어렵습니다. 다음 표에서 내결함성과 고가용성의 특징 및 차이점에 대해 알아봅시다.

▼ **표 7-2** 내결함성과 고가용성 차이점

구분	내결함성	고가용성
중단 시간	이론적으로 서비스 중단 시간이 전혀 없음	중단 시간이 짧음
비용	이중화한 구성 요소로 인해 더 높은 비용	비용 효율적 방법으로 높은 가용성 제공
목표	서비스 중단을 전혀 허용하지 않음	최소한의 서비스 중단
대표 기술	– RAID – 전원 공급 장치를 2개 이상 구성	– 서버 클러스터 – 데이터베이스 미러링 – 로드 밸런서

일반적으로 내결함성은 시스템을 안정적으로 운영하기 위해 기본으로 구성하며, 고가용성은 서비스 성격에 따라 구성합니다(하지 않은 경우도 많습니다). 즉, 안정성을 우선하려면 비용이 높아지고, 비용을 낮추려면 안정성이 떨어지기 때문에 서비스 성격에 따라 구성하는 경우가 많습니다.

그럼 고가용성에서 사용하는 대표적인 기술들을 하나씩 알아보겠습니다.

서버 클러스터

서버 클러스터(server cluster)는 서버 여러 대를 그룹화하여 마치 하나처럼 작동하게 만드는 기술입니다. 클러스터는 '노드(node)'라는 서버들로 구성되며, 각 노드는 클러스터 내 다른 노드와 통신(sync)하면서 작업을 수행합니다.

클러스터로 구성된 노드들은 종종 저장소(스토리지), 네트워크, 데이터 등을 공유하는데, 이렇게 공유된 자원을 '공유 자원(shared resource)'이라고 합니다. 이는 모든 노드가 동일한 데이터에 접근하고, 사용자에게 일관된 서비스를 제공할 수 있게 합니다.

▼ **그림 7-30** 서버 클러스터

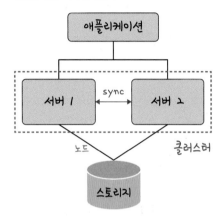

클러스터의 유형에 대해 좀 더 알아볼까요? 먼저 액티브-액티브(active-active) 클러스터가 있습니다. 모든 노드가 활성 상태로 각각이 애플리케이션 요청을 처리합니다.

▼ **그림 7-31** 액티브-액티브 클러스터

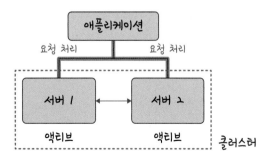

그리고 액티브-패시브(active-passive) 클러스터가 있는데, 노드가 하나 이상 대기 상태(패시브)에 있으며 주 노드(액티브)에 장애가 발생했을 때 작업을 이어받습니다.

▼ 그림 7-32 액티브-패시브 클러스터

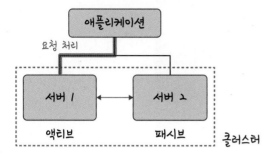

데이터베이스 미러링

데이터베이스 미러링(database mirroring)은 한 서버(주 서버)에서 다른 서버(미러 서버)로 데이터를 실시간 복제하여 주 서버에 문제가 발생하면 미러 서버가 서비스를 지속할 수 있도록 합니다.

▼ 그림 7-33 데이터베이스 미러링

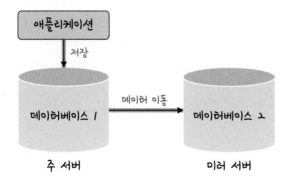

로드 밸런서

로드 밸런서(load balancer)는 네트워크 트래픽을 여러 서버에 분산시켜서 서버 하나가 과부하 상태에 빠지거나 실패해도 전체 시스템이 계속 작동하도록 돕습니다.

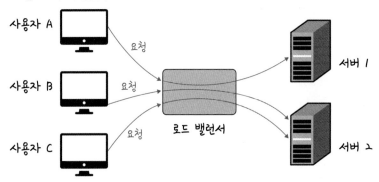

▼ 그림 7-34 로드 밸런서

사용자 A

요청

사용자 B

요청

로드 밸런서

사용자 C

요청

서버 1

서버 2

7.6
SECTION

핵심 요약

1. 보조기억 장치는 컴퓨터에서 데이터를 장기간 저장하기 위한 장치입니다.

2. 플래터는 하드 디스크 내부에 있는 평평한 원반 모양의 부품으로 여기에 데이터가 저장됩니다.

3. 헤드는 플래터의 표면 바로 위를 떠다니며 데이터를 읽고 쓰는 역할을 하기 때문에 '읽기/쓰기 헤드'라고도 부릅니다.

4. FCFS(First Come First Served)는 요청이 도착한 순서대로 큐에 넣고, 차례대로 서비스하는 디스크 스케줄링 방식입니다.

5. SSTF(Shortest Seek Time First)는 입출력 요청을 처리할 때 디스크 헤드의 이동 거리를 최소화하는 것을 목표로 합니다.

6. SCAN 스케줄링은 '엘리베이터 알고리즘'이라고도 부릅니다. 이는 디스크 헤드가 특정 방향으로 움직이면서 그 방향에 있는 요청을 처리하고, 끝에 도달하면 반대 방향으로 이동하면서 나머지 요청을 처리하는 방식입니다.

7. LOOK은 SCAN과 유사하지만 디스크 헤드가 트랙의 끝까지 갔다가 되돌아오는 대신, 요청이 있는 마지막 트랙에서 방향을 바꿔 이동을 시작합니다.

8. RAID(Redundant Array of Independent Disk)는 여러 디스크에 데이터를 중복 저장하여 데이터의 안정성을 높이거나 입출력 성능을 향상시키기 위한 데이터 저장 기술입니다.

9. 스트라이핑은 RAID 구성에서 데이터를 여러 디스크에 분산하여 저장하는 방식입니다.

10. RAID 0은 스트라이핑 기술을 이용하여 여러 디스크에 데이터를 분산 저장하는 방식입니다.

11. RAID 1은 미러링 기술을 이용하여 디스크 두 개 이상에 동일한 데이터를 저장하는 방식입니다.

12. RAID 5는 스트라이핑에 패리티를 추가한 기술로, 디스크가 세 개 이상 필요합니다. 이 방식은 각 스트라이핑에 패리티 정보를 추가하기 때문에 특정 디스크에서 오류가 발생하더라도 데이터 손실이 발생하지 않습니다.

13. RAID 1+0은 미러링(RAID 1)과 스트라이핑(RAID 0)을 결합한 것입니다. 데이터 접근 속도와 안정성(데이터 중복 저장)의 균형을 잘 맞추기 위해 설계된 방식이기 때문에 고성능과 고신뢰성이 모두 필요한 환경에 적합합니다.

14. RAID 0+1은 먼저 여러 디스크에 데이터를 분산 저장하는 스트라이핑을 적용한 후, 그 결과로 만들어진 스트라이핑에 미러링을 구성합니다.

15. SAN(Storage Area Network)은 고성능 네트워크 스토리지로 SAN 스위치를 이용해 서버와 저장 장치를 연결합니다.

16. 데이터베이스 미러링은 한 서버(주 서버)에서 다른 서버(미러 서버)로 데이터를 실시간 복제하여 주 서버에 문제가 발생하면 미러 서버가 서비스를 지속할 수 있도록 합니다.

확인 문제

1. 하드 디스크의 정확한 명칭은 (   )입니다.

2. (   )은/는 플래터를 회전시키는 중심축입니다.

3. (   )은/는 헤드를 정확한 위치로 이동시키는 기계적 장치입니다.

4. (   )은/는 디스크 저장 공간의 기본 단위입니다.

5. (   )은/는 여러 플래터에 걸쳐 있는 동일한 트랙 번호를 가진 트랙들의 집합입니다.

6. (   )은/는 헤드가 디스크의 한 방향으로만 이동하면서 데이터 요청을 처리하는 방식입니다.

7. (   )은/는 LOOK의 변형으로, C-SCAN의 개념을 따르되 헤드가 더 이상 처리할 요청이 없으면 가장 낮은(또는 가장 높은) 요청이 있는 트랙으로 바로 돌아가는 방식입니다.

8. (   )은/는 RAID의 한 형태로, 하나의 데이터를 두 디스크에 쓰는 방식입니다.

9. RAID에서의 (   )은/는 데이터의 무결성을 보장하고, 하드 디스크에 장애가 생겼을 때 데이터를 복구할 수 있게 하는 중요한 메커니즘입니다.

10. (   )은/는 RAID 0+1에 비해 더 높은 장애 허용성을 제공합니다.

11. RAID 1+0은 (   )보다 복구가 더 용이합니다.

12. (   )은/는 여러 사용자와 데이터를 공유할 수 있는 전용 데이터 스토리지입니다.

13. (   )은/는 컴퓨터의 일부분에 결함이 발생해도 전체 시스템의 운영에 영향을 주지 않도록 하는 기술입니다.

14. (   )은/는 컴퓨터가 최대한 적은 다운타임으로 운영되도록 보장하는 기술입니다.

15. (   )은/는 서버 여러 대를 그룹화하여 마치 하나처럼 작동하게 만드는 기술입니다.

16. (   )은/는 네트워크 트래픽을 여러 서버에 분산시켜서 서버 하나가 과부하 상태에 빠지거나 실패해도 전체 시스템이 계속 작동하도록 돕습니다.

정답

1. 하드 디스크 드라이브   2. 스핀들   3. 액추에이터   4. 섹터   5. 실린더   6. C-SCAN   7. C-LOOK   8. 미러링   9. 패리티
10. RAID 1+0   11. RAID 0+1   12. NAS   13. 내결함성   14. 고가용성   15. 서버 클러스터   16. 로드 밸런서

입출력 장치는
어떻게 동작하나요?

입출력 장치(Input/Output devices, I/O 장치)는 컴퓨터와 사용자 또는 다른 장치 간에 데이터를 전송하는 하드웨어를 말합니다. 즉, 컴퓨터의 외부와 내부를 연결하는 중요한 장치라고 할 수 있지요.

대표적인 입력 장치로는 마우스, 키보드 등이 있고, 출력 장치로는 모니터, 프린터 등이 있습니다.

8.1 / 입출력 장치의 한계
SECTION

입출력 장치는 데이터와 명령의 전달을 담당하지만, 이러한 장치가 갖는 한계점이 있습니다. 어떤 한계인지 기술적, 물리적, 소프트웨어적 측면에서 알아보겠습니다.

기술적 한계

컴퓨터 내부에 부착된 CPU와 주기억 장치 간 통신 속도보다 CPU와 입출력 장치 간 통신 속도가 느릴 수밖에 없습니다. 컴퓨터 내부에 부착된 장치 간 통신이 상대적으로 빠를 테니까요.

또한 모든 입출력 장치가 컴퓨터와 호환되지 않을 수 있으며 이로 인해 드라이버나 인터페이스 문제가 발생할 수 있습니다.

물리적 한계

터치 스크린과 같은 일부 입출력 장치는 크고 무겁거나, 휴대성이 제한되어 사용하기에 불편할 수 있습니다. 또한 키보드나 마우스와 같은 일부 장치는 외부 충격에 취약할 수 있습니다.

소프트웨어적 한계

모든 입출력 장치가 운영체제와 완벽하게 호환되지 않을 수 있습니다. 또한 입출력 장치는 보안 위협의 출입구가 될 수 있으며, 특히 네트워크 장치는 외부 공격(예 해킹)에 쉽게 노출될 수 있습니다.

8.2 컨트롤러와 드라이버

입출력 장치 컨트롤러는 하드웨어적으로, 입출력 장치 드라이버는 소프트웨어적으로 외부 장치와 컴퓨터를 연결하는 통로입니다.

▼ **그림 8-1** 입출력 장치 컨트롤러와 드라이버

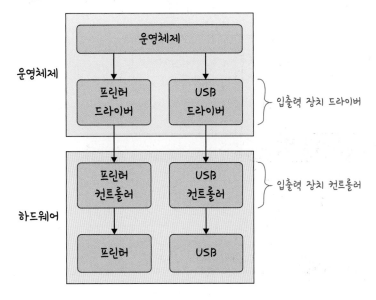

8.2.1 입출력 장치 컨트롤러

입출력 장치 컨트롤러(I/O Device Controller, 이하 I/O 컨트롤러)는 그림 8-1에서 볼 수 있듯이 컴퓨터 내부에 있는 하드웨어 부품으로 입출력 장치와 CPU 사이에서 데이터의 흐름을 관리하고 제어하는 역할을 합니다. I/O 컨트롤러는 연결된 입출력 장치의 작동을 감독하고, 메모리와 데이터를 직접 주고받을 수 있는 경로를 제공합니다.

I/O 컨트롤러가 CPU와 통신하기 위해서는 앞에서 배운 인터럽트를 사용하는데, 그 과정은 다음과 같습니다.

❶ 입출력 장치가 데이터를 전송할 준비가 되면 I/O 컨트롤러는 CPU에 인터럽트 신호를 보냅니다.

❷ CPU가 인터럽트 신호를 받으면 현재 작업을 중단한 후, 인터럽트 요청을 처리합니다. 처리가 완료된 후에는 이전에 작업하던 것을 이어서 진행합니다.

▼ **그림 8-2** CPU와 입출력 장치 컨트롤러

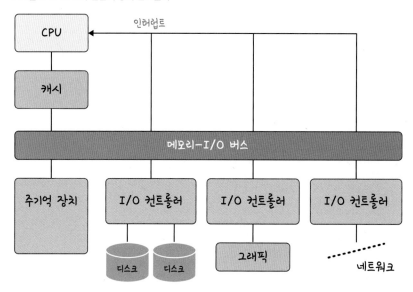

I/O 컨트롤러에는 CPU와 통신할 때 데이터 속도를 조절하는 기능도 있습니다. 일반적으로 CPU는 속도가 빠른 반면, 입출력 장치는 속도가 느립니다. 그래서 이들 간에 속도 조절이 필요한데요. 이 문제를 해결하기 위해 I/O 컨트롤러는 버퍼(임시 저장 공간)를 사용합니다. 그 과정은 다음과 같습니다.

❶ 데이터가 입출력 장치에서 I/O 컨트롤러로 전송됩니다.

❷ I/O 컨트롤러는 데이터를 버퍼에 임시 저장합니다. 이 과정을 통해 CPU와 입출력 장치 간 속도 차이를 해결할 수 있습니다.

❸ I/O 컨트롤러는 버퍼에 쌓인 데이터를 CPU로 전송합니다.

물론 버퍼는 실시간 데이터 처리에는 사용하지 않고, 주로 대용량 데이터(예 네트워크로 파일을 공유하거나 백업을 하는 등의 행위)를 주고받을 때 사용합니다.

또한 I/O 컨트롤러 내부에는 제어 레지스터, 상태 레지스터, 데이터 레지스터라는 것이 있습니다.

▼ **그림 8-3** CPU와 레지스터

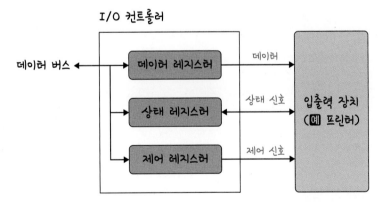

- **제어 레지스터**(control register)는 CPU나 장치 드라이버가 입출력 장치(예 프린터)에 특정 명령(예 인쇄 시작)을 내리거나 설정을 변경하기 위해 사용합니다.
- **상태 레지스터**(status register)는 CPU나 장치 드라이버가 입출력 장치의 상태(예 오류 상태, 준비 상태)를 알아내는 용도로 사용합니다.

- **데이터 레지스터**(data register)는 실제 데이터의 전송에 사용합니다. 데이터를 입출력 장치로 보내거나 입출력 장치에서 데이터를 받기 위한 용도로 사용합니다.

그럼 이제 상위 단계인 입출력 장치 드라이버로 이동해 볼까요?

8.2.2 입출력 장치 드라이버

입출력 장치 드라이버(I/O Device Driver, 이하 장치 드라이버)는 컴퓨터와 입출력 장치(**예** 프린터, 키보드, 마우스)가 서로 '대화'할 수 있게 도와주는 프로그램입니다. 컴퓨터가 입출력 장치를 제대로 인식하고 제어하기 위해서는 해당 장치에 맞는 드라이버가 필요합니다. 예를 들어 프린터 드라이버는 컴퓨터가 프린터에 맞는 방식으로 문서를 보내서 인쇄할 수 있게 합니다.

I/O 컨트롤러가 입출력 장치를 물리적으로 연결하기 위한 하드웨어 관점의 통로라면, 장치 드라이버는 소프트웨어 관점의 통로입니다.

▼ 그림 8-4 입출력 장치 드라이버

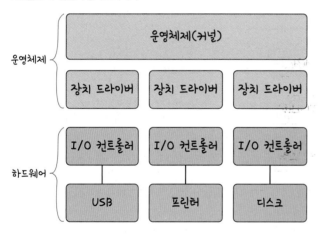

장치 드라이버의 주요 역할 역시 입출력 장치를 제어하는 것입니다. I/O 컨트롤러의 역할과 중복되는 것 같지만, I/O 컨트롤러가 하드웨어 수준에서의 제어라면 장치 드라이버는 운영체제와 입출력 장치 간 인터페이스 역할 및 사용자 또는 애플리케이션(**예** 그래픽 처리 프로그램, 게임 등) 수준에서의 장치 제어를 담당합니다.

입출력 장치의 주소 식별 방식

입출력 장치의 주소 식별 방식은 CPU가 입출력 장치를 식별하고 접근하기 위해 사용하는 방법을 의미합니다. 이 방식은 입출력 장치들이 어떻게 주소 공간에 할당되고, CPU가 이 장치들과 어떻게 통신할 수 있는지를 정의하는 것으로 다음과 같은 세 가지 주요 방식을 사용합니다(참고로 DMA는 입출력 장치와 CPU 통신 측면에서 앞의 두 방식과 조금 다릅니다).

- 메모리 맵 입출력
- 입출력 맵 입출력
- DMA

먼저 메모리 맵 입출력부터 순서대로 알아보겠습니다.

8.3.1 메모리 맵 입출력

메모리 맵 입출력(Memory Mapped I/O, 이하 MMIO)은 주기억 장치에 부여된 주소 공간의 일부를 입출력 주소 공간으로 활용하는 방식입니다.

▼ 그림 8-5 MMIO

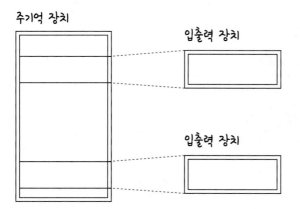

먼저 운영체제는 주기억 장치 내에 공간을 만들고, 입출력 장치에 이곳에 데이터를 저장하라고 지시합니다. 이후 이 공간에 쌓인 데이터를 CPU로 보내 처리하는데, CPU는 이 주소 공간에 있는 데이터를 읽고 쓸 때 메모리 접근 명령을 사용하여 입출력 장치와 통신합니다.

▼ **그림 8-6** MMIO에서 데이터 주고받는 방식

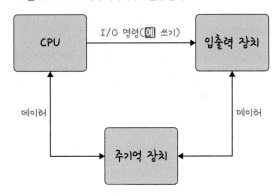

그럼 I/O 컨트롤러 레지스터와 CPU가 어떻게 통신하는지에 대해서도 알아볼까요?

❶ 입출력 장치(예 프린터)는 주기억 장치 주소 공간 내에서 주소 범위를 하나 이상 할당받습니다.

▼ **그림 8-7** I/O 컨트롤러 레지스터와 통신

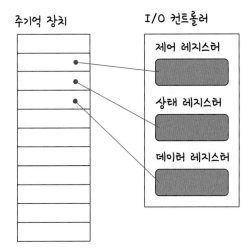

❷ CPU는 입출력 장치(예 프린터)가 준비 상태인지 확인하기 위해 상태 레지스터 주소에 접근합니다. CPU에는 이 레지스터들이 메모리의 일부처럼 보입니다.

❸ 입출력 장치(예 프린터)가 준비된 상태라면, 이 장치를 실행시키기 위해 CPU는 제어 레지스터 주소에 접근합니다. 마지막으로 CPU가 장치(예 프린터)로 데이터(예 인쇄를 위한 데이터)를 보내기 위해 데이터 레지스터 주소에 접근합니다.

이 방식은 단순히 주기억 장치에서 데이터를 읽거나 쓰는 방식처럼 입출력 장치 데이터를 다룰 수 있어서 편리하긴 하지만 메모리 주소 공간 일부가 입출력 장치에 의해 사용되므로 사용할 수 있는 주소 공간이 줄어들 수 있습니다.

8.3.2 입출력 맵 입출력

입출력 맵 입출력(I/O Mapped I/O, 이하 IOMIO)은 입출력 장치를 위한 전용 주소 공간이 할당되며, CPU는 이 공간 내 고유한 주소를 사용하여 입출력 장치에 접근합니다.

▼ 그림 8-8 IOMIO

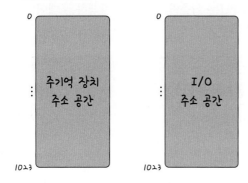

IOMIO의 작동 원리는 MMIO와 유사하며, 입출력 장치에 대해 전용 주소 공간을 가집니다. 단지 이 공간은 일반 메모리와 분리되어 있고, 입출력 장치에 직접 할당된다는 점만 다릅니다. IOMIO 역시 I/O 컨트롤러 레지스터와 CPU가 어떻게 통신하는지 알아보겠습니다.

❶ CPU는 I/O 컨트롤러의 상태 레지스터, 제어 레지스터에 할당된 메모리 주소에 접근하여 장치(예 프린터)의 상태를 확인하고 인쇄를 실행합니다.

❷ CPU는 데이터 레지스터를 통해 프린터와 데이터를 교환합니다. 이때 CPU는 메모리에 접근하기 위한 명령어 대신 IN과 OUT 같은 전용 I/O 명령어를 사용하여 주소에 접근합니다. IN 명령어는 입출력 장치로부터 데이터를 읽을 때 사용되고, OUT 명령어는 데이터를 입출력 장치로 내보낼 때 사용됩니다.

IOMIO 방식은 MMIO와 다르게 별도의 메모리 주소 공간을 사용하기 때문에 주기억 장치 공간을 효율적으로 사용할 수 있는 반면에 전용 명령어를 사용하므로 프로그래밍이 복잡할 수 있습니다.

8.3.3 DMA

초기 컴퓨터에서는 모든 데이터 전송 작업이 CPU를 통해 이루어졌습니다. 그래서 CPU의 부하가 높은 반면 효율성은 떨어졌죠. 사용자가 마우스를 클릭할 때마다, 혹은 키보드를 입력할 때마다 CPU가 반응해야 한다면 CPU는 입출력 장치에서 발생하는 데이터만 처리해야 할 테니까요.

그래서 DMA가 등장했습니다. DMA(Direct Memory Access)는 CPU가 직접 관리하지 않고 입출력 장치가 메모리에 직접 접근하여 데이터를 읽고 쓸 수 있는 기술입니다. DMA를 통해 데이터의 입출력 과정에서 CPU의 부하를 줄이고 시스템의 전체 효율을 향상시킬 수 있습니다.

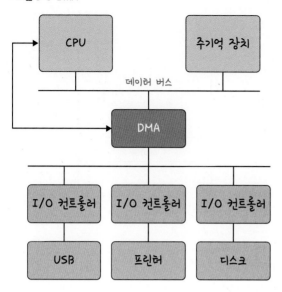

DMA는 DMA 컨트롤러라는 전용 하드웨어에 의해 수행됩니다. DMA 컨트롤러는 CPU 로부터 데이터 전송 요청을 받은 후, 메모리 주소와 전송할 데이터 양에 대한 정보를 설정하고 CPU 대신 데이터 전송을 직접 관리합니다. 전송이 완료되면 DMA 컨트롤러는 CPU에 인터럽트를 보내 전송 완료를 알립니다. 이를 정리하면 다음과 같습니다.

❶ 입출력 장치는 DMA 컨트롤러에 데이터 전송을 요청합니다.

❷ DMA 컨트롤러는 CPU에 버스 제어권을 요청합니다.

❸ 입출력 장치가 메모리에 바로 접근하여 데이터를 읽거나 씁니다.

❹ 전송이 완료되면 DMA 컨트롤러는 CPU에 전송 완료를 알립니다.

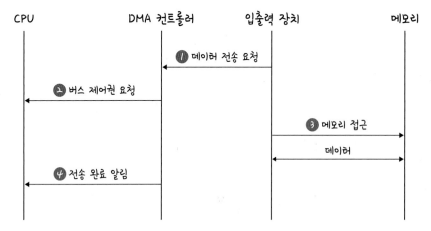
▼ **그림 8-10** DMA 처리 과정

CPU DMA 컨트롤러 입출력 장치 메모리

1 데이터 전송 요청

2 버스 제어권 요청

3 메모리 접근

데이터

4 전송 완료 알림

DMA는 CPU 부하를 줄여 준다는 장점이 있지만 DMA와 CPU 간 동기화 문제가 발생할 수 있습니다. CPU가 관여하지 않기 때문에 서로 일관된 정보를 가지고 있지 않기 때문이죠. 이는 특히 멀티코어/멀티프로세서 시스템에서 중요한 이슈가 될 수 있습니다. 하지만 이러한 단점을 상쇄할 만큼 효율성이 뛰어나기 때문에 대부분의 컴퓨터에 적용된 기술입니다.

8.4
SECTION

핵심 요약

1. 입출력 장치는 컴퓨터와 사용자 또는 다른 장치 간에 데이터를 전송하는 하드웨어를 말합니다.

2. 입출력 장치 컨트롤러는 컴퓨터 내부에 있는 하드웨어 부품으로 입출력 장치와 CPU 사이에서 데이터의 흐름을 관리하고 제어하는 역할을 합니다.

3. 입출력 장치 드라이버는 컴퓨터와 입출력 장치(**예** 프린터, 키보드, 마우스)가 서로 '대화'할 수 있게 도와주는 프로그램입니다.

4. 입출력 맵 입출력은 입출력 장치를 위한 전용 주소 공간이 할당되며, CPU는 이 공간 내 고유한 주소를 사용하여 입출력 장치에 접근합니다.

5. DMA(Direct Memory Access)는 CPU가 직접 관리하지 않고 입출력 장치가 메모리에 직접 접근하여 데이터를 읽고 쓸 수 있는 기술입니다.

8.5 / 확인 문제
SECTION

1. 입출력 장치가 데이터를 전송할 준비가 되면 I/O 컨트롤러는 CPU에 (   ) 신호를 보냅니다.

2. I/O 컨트롤러는 입출력 장치와 CPU 간에 통신 속도 조절을 위해 (   )을/를 사용합니다.

3. (   )은/는 CPU나 장치 드라이버가 장치(**예** 프린터)에 특정 명령(**예** 인쇄 시작)을 내리거나 설정을 변경하기 위해 사용합니다.

4. (   )은/는 CPU나 장치 드라이버가 장치의 상태(**예** 오류 상태, 준비 상태)를 알아내는 용도로 사용합니다.

5. (   )은/는 실제 데이터의 전송에 사용합니다. 데이터를 입출력 장치로 보내거나 입출력 장치에서 받기 위한 용도입니다.

6. CPU는 메모리에 접근하기 위한 명령어 대신 (   )와/과 (   ) 같은 전용 I/O 명령어를 사용하여 주소에 접근합니다.

7. (   )은/는 CPU로부터 데이터 전송 요청을 받은 후, 메모리 주소와 전송할 데이터 양에 대한 정보를 설정하고 CPU 대신 데이터 전송을 직접 관리합니다.

정답
1. 인터럽트   2. 버퍼   3. 제어 레지스터   4. 상태 레지스터   5. 데이터 레지스터   6. IN, OUT   7. DMA 컨트롤러

CHAPTER

9

병렬처리란
무엇인가요?

우리가 사용하는 대부분의 컴퓨터는 병렬처리를 지원합니다. 병렬처리를 위한 다양한 기술을 알아봅시다.

9.1 병렬처리와 병행처리

병렬처리(parallel processing)는 여러 CPU가 여러 작업을 동시에 처리하는 방식입니다. 이때 작업이란 하나의 프로그램을 의미할 수도 있고, 프로그램 내 특정한 연산이나 프로세스를 의미할 수도 있습니다.

▼ **그림 9-1** 병렬처리

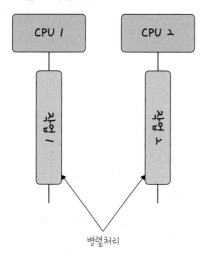

반면에 병행처리(concurrent processing)는 한 CPU가 여러 작업을 마치 동시에 처리하는 것처럼 보이도록 하는 방식입니다. 하지만 다음 그림과 같이 CPU가 하나이기 때문에 동시에 처리되는 것은 아닙니다. 사용자가 느끼지 못할 정도로 빠르게 작업이 전환되기 때문에 마치 동시에 실행되는 것처럼 보일 뿐이죠. 그래서 병렬처리보다는 작업 처리 속도가 느리며 잦은 인터럽트가 발생합니다.

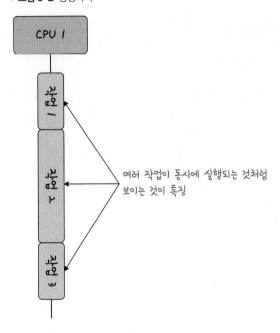

▼ 그림 9-2 병행처리

CPU 1

작업 1

작업 2

작업 3

여러 작업이 동시에 실행되는 것처럼
보이는 것이 특징

병렬처리와 병행처리를 비교하면 다음과 같습니다.

▼ 표 9-1 병렬처리와 병행처리 비교

구분	병렬처리	병행처리
자원 간 관계	여러 작업을 여러 CPU에서 처리	여러 작업을 한 CPU에서 처리
목적	계산 속도를 높이고 작업을 더 빠르게 완료	멀티태스킹을 통해 시스템의 활용도를 최대화
특징	**한 순간에 두 개 이상의 작업이 처리됨**	**실제로 한 순간에는 하나의 작업만 처리됨**
자원	여러 CPU	단일 CPU
동기화	병행처리에 비해 동기화 과정이 복잡하지 않음	다양한 작업이 같은 자원에 접근할 때 충돌을 방지하기 위한 복잡한 동기화 메커니즘이 필요
사례	대규모 데이터셋을 다루는 연산에 적합	웹 서버와 같이 많은 요청을 효과적으로 처리해야 하는 환경에 적합

일반적으로 우리가 사용하는 윈도우 및 맥OS는 모두 병렬처리와 병행처리를 지원합니다.

9.2 / 멀티 코어와 GPU

일반적으로 CPU 하나는 명령어 하나를 처리합니다. 하지만 멀티 코어를 사용하면 한 번에 여러 명령어를 처리할 수 있습니다. 또한 코어 수백 개를 이용하면 연산의 병렬처리가 가능한데, 이를 GPU라고 합니다.

9.2.1 코어와 멀티 코어

코어(core)는 CPU의 기본 연산 단위로, 프로그램의 명령어를 실행하는 데 필요한 구성 요소입니다. 요즘 CPU는 코어가 여러 개이며, 각 코어는 독립적으로 명령어를 처리할 수 있습니다. 이와 같이 여러 코어를 사용하는 것을 멀티 코어(multi-core)라고 하는데요. 즉, 멀티 코어는 단일 CPU에 여러 독립적인 코어가 포함된 것을 말합니다. 코어 개수에 따라 2코어, 4코어로 분류되며, 코어 수는 2, 4, 8, 16과 같이 2의 거듭제곱으로 증가하는 경향이 있습니다.

▼ **그림 9-3** 단일 코어와 멀티 코어

멀티 코어를 사용하면 별도의 작업을 동시에 수행할 수 있어, 멀티태스킹 성능을 향상시킵니다. 즉, 멀티 코어를 사용하면 단일 코어에 비해 더 많은 작업을 동시에 처리할 수 있기 때문에 전반적인 컴퓨터 성능이 증가한다고 할 수 있죠. 컴퓨터에서 코어는 다음과 같이 확인할 수 있습니다.

1. 컴퓨터 바탕화면의 작업 표시줄에서 마우스 우측 버튼을 클릭하여 **작업 관리자(K)**를 선택합니다.

▼ **그림 9-4** 작업 관리자 선택

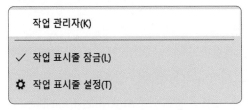

2. 작업 관리자 화면이 뜨면 **성능** 탭을 선택합니다.

▼ **그림 9-5** 성능 탭 선택

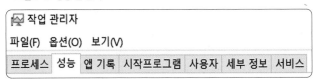

3. **CPU**를 선택하면 다음과 같이 소켓과 코어 정보가 보입니다. 소켓은 CPU 개수, 코어는 말 그대로 코어 개수를 의미합니다.

▼ **그림 9-6** 작업 관리자

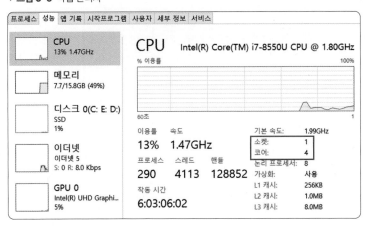

9.2.2 CPU와 GPU

CPU는 컴퓨터의 핵심 부품으로 프로그램의 명령어를 해석하고 실행하는 기능을 담당합니다. CPU는 컴퓨터의 두뇌라고 할 수 있으며 모든 종류의 계산과 데이터 처리 작업을 수행합니다.

반면에 GPU(Graphics Processing Unit)는 복잡한 수학적 계산을 빠르게 처리하기 위해 수백 개 코어를 사용하는 특수한 목적의 프로세서입니다. 원래는 컴퓨터 그래픽을 처리하는 데 초점을 맞춰 설계되었으나, 최근 GPU는 고성능 컴퓨팅과 AI(Artificial Intelligence) 같은 다양한 비그래픽 연산에도 널리 사용합니다.

▼ **그림 9-7** CPU와 GPU 코어

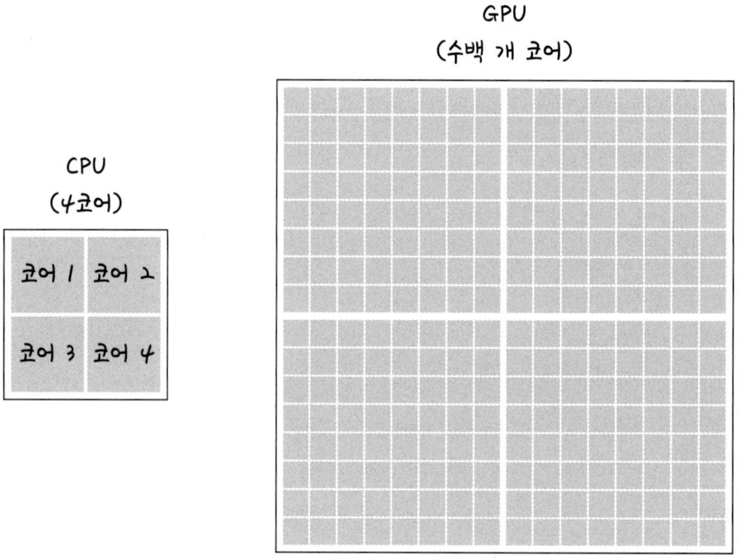

GPU
(수백 개 코어)

CPU
(4코어)

| 코어 1 | 코어 2 |
| 코어 3 | 코어 4 |

CPU와 GPU 차이에 대해 자세히 알아볼까요?

구분	CPU	GPU
처리 방식	직렬 처리에 최적화	대규모 데이터를 병렬로 처리하는 데 최적화
코어 구조 및 개수	적은 수의 코어로 각각 복잡한 연산을 수행	많은 수의 코어로 간단하지만 반복 연산을 수행
작업 유형	다양한 종류의 일반적인 컴퓨팅 작업을 처리	그래픽 작업과 데이터 병렬 처리 작업에 사용
메모리 접근	복잡한 메모리 계층을 효율적으로 관리	대규모 데이터를 빠르게 처리할 수 있는 대용량의 고속 메모리 사용

많은 수의 코어를 사용하는 GPU의 성능이 더 좋을 것 같지만, CPU와 GPU는 사용 목적이 다릅니다. CPU는 일반적인 명령을 처리하고 시스템의 전반적인 관리를 담당하는 반면, GPU는 병렬 처리가 필요한 특정 작업을 담당합니다. 특히 AI가 사람들의 관심을 받고 있는 만큼 GPU에 대한 수요가 증가하고 있습니다.

9.3
파이프라인

파이프라인(pipeline)은 명령어를 여러 단계로 분할하여 수행 단계가 겹치지 않은 명령을 중첩하여 수행함으로써 CPU 처리 속도를 높이는 병렬 컴퓨팅 기술입니다.

앞에서도 살펴봤듯이 명령어 처리는 일반적으로 명령어 인출(fetch), 명령어 해석(decode), 명령어 실행(execution), 데이터 저장(write back) 단계로 이루어집니다.

▼ 그림 9-8 명령어 처리 과정

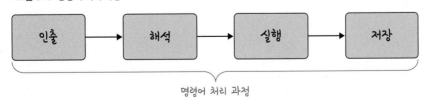

명령어 인출 단계에서 명령어를 레지스터(혹은 주기억 장치)로부터 가져오면, 명령어 해석 단계에서 인출된 명령어를 해석합니다. 해석한 결과를 수행(명령어 수행)하면 그 결과가 저장됩니다.

이 과정을 이해했다면 바로 파이프라인을 이용한 병렬화 기법으로 넘어갈게요.

9.3.1 파이프라인을 이용한 병렬화 기법

파이프라인을 이용한 병렬화 기법으로는 단일 파이프라인, 수퍼 파이프라인, 수퍼 스칼라, 수퍼 파이프라인 수퍼 스칼라가 있습니다.

▼ **그림 9-9** 파이프라인을 이용한 병렬화 기법

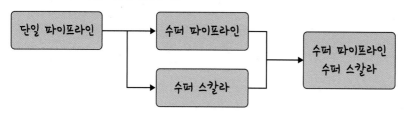

이 방법들에 대해 하나씩 알아보겠습니다.

단일 파이프라인

병렬화 기법이 적용되지 않은 명령어는 보통 다음과 같이 처리합니다. 한 명령어가 끝나야 다음 명령어가 수행되는 방식이죠.

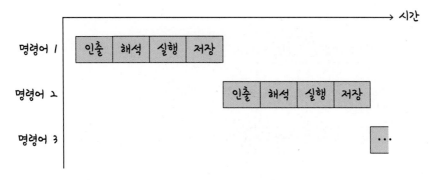

▼ **그림 9-10** 일반적인 명령어 수행 방식

이 방법은 CPU 관점에서는 꽤 비효율적인 방식입니다. 왜냐하면 CPU에는 한 번에 한 가지 일밖에 시킬 수 없기 때문이죠. 그래서 명령어 수행 과정에서 각 단계를 한 번씩 중첩해서 사용하는데, 이를 단일 파이프라인(single pipeline)이라고 합니다.

▼ **그림 9-11** 단일 파이프라인

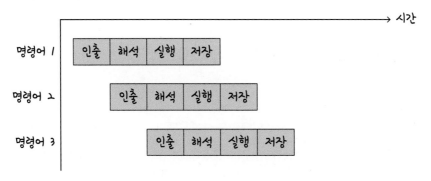

수퍼 파이프라인

수퍼 파이프라인(super pipeline)은 단일 파이프라인의 각 단계를 더 작은 단계로 세분하여 처리 속도를 향상시키는 기술을 말합니다. 즉, 각 파이프라인 단계를 클록 단위로 더 세분하기 위해 명령어 수행 과정을 엇갈리게 중첩하는 기술입니다. 이로 인해 단위 시간당 처리할 수 있는 명령어 수를 증가시킬 수 있습니다.

▼ 그림 9-12 수퍼 파이프라인

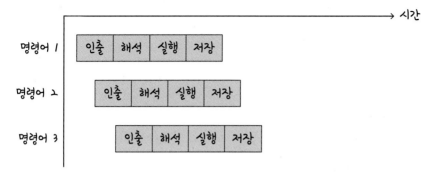

노트

클록

클록(clock)은 컴퓨터와 같은 전자 시스템 내에서 정확한 타이밍을 제공하는 메커니즘입니다. 시계에 비유하면 초침으로 시간을 측정하듯이, 컴퓨터의 클록도 전자적인 '틱'과 '톡'으로 시간을 측정합니다. 이때, 클록이 한 번 올라갔다(틱) 내려가는 것(톡)을 '사이클'이라고 합니다. 컴퓨터 내부에서 이 사이클은 명령어를 실행하거나 데이터를 전송하는 데 필요한 기본적인 시간 단위입니다.

▼ 그림 9-13 클록

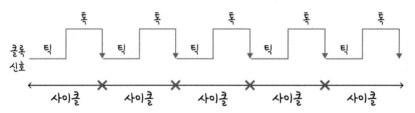

클록 속도는 일반적으로 헤르츠(Hz) 단위로 측정됩니다. 예를 들어 클록 속도가 3GHz(기가헤르츠)인 CPU의 클록 사이클은 초당 3,000,000,000개입니다. 이 속도는 CPU가 데이터를 처리하고 명령어를 실행하는 능력과 직접 관련이 있습니다.

수퍼 스칼라

수퍼 스칼라(super scalar)는 파이프라인을 여러 개 두어 여러 명령어를 동시에 그리고 중첩하여 실행하는 기술입니다. 다음 그림에서도 명령어 2개가 동시에 실행되는 것을 확인할 수 있습니다.

▼ 그림 9-14 수퍼 스칼라

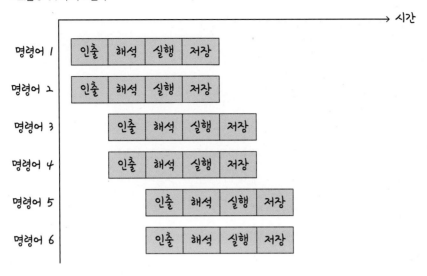

수퍼 파이프라인 수퍼 스칼라

수퍼 파이프라인 수퍼 스칼라(super pipeline super scalar)는 수퍼 스칼라 기법에 수퍼 파이프라인 기법을 더한 방식입니다. 다음 그림과 같이 여러 파이프라인이 동시에 실행되면서도 클록 단위로 더 세분된 것을 확인할 수 있습니다. 따라서 앞에서 살펴봤던 기법들보다 명령어 수행 시간을 더 단축할 수 있습니다.

▼ 그림 9-15 수퍼 파이프라인 수퍼 스칼라

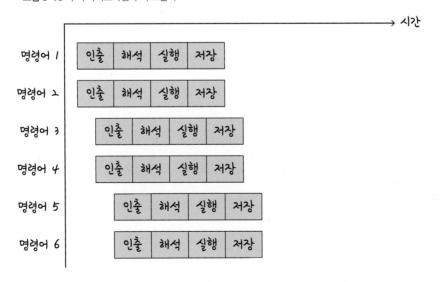

명령어를 단계별로 나눠서 실행하다 보니 여러 문제점도 발생하는데요. 이러한 문제를 파이프라인 해저드라고 합니다. 이어서 알아보겠습니다.

9.3.2 파이프라인 해저드와 해결 방안

파이프라인 해저드(pipeline hazard)는 파이프라인 처리 과정 중에 발생할 수 있는 문제점을 의미합니다. 파이프라인은 CPU 내부에서 명령어를 더 빠르게 처리하기 위해 사용하는 기술로, 여러 단계를 동시에 실행하여 전체 처리 속도를 향상시킵니다. 그러나 이 과정에서 다양한 해저드가 발생할 수 있으며, 이는 파이프라인의 성능에 영향을 줍니다.

주요 파이프라인 해저드에는 다음 세 가지 유형이 있습니다.

구조적 해저드

구조적 해저드(structural hazard)는 하드웨어 자원(예 메모리)의 충돌로 발생합니다. 예를 들어 두 명령어가 동시에 같은 레지스터에 데이터를 쓰려고 할 때 발생할 수 있습니다.

▼ **그림 9-16** 구조적 해저드

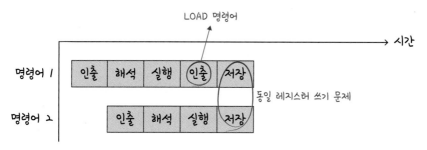

구조적 해저드를 해결하기 위한 근본적인 방법은 하드웨어 리소스를 추가하는 것입니다. 하지만 비용도 고려해야 하기 때문에 다음과 같이 명령어 처리 단계 중 '스톨(stall)'[1]을 추가하여 동일한 메모리에 데이터를 쓰는 충돌 현상을 방지할 수 있습니다.

---

1   명령어 단계를 일시적으로 지연시키는 것

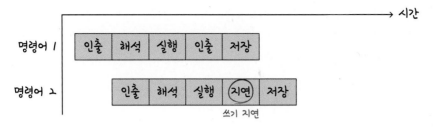

▼ **그림 9-17** 구조적 해저드 해결 방안

데이터 해저드

데이터 해저드(data hazard)는 한 명령어가 실행을 완료하기 전에 다음 명령어에서 그 결과가 필요할 때 발생합니다. 이는 명령어들 사이에서 데이터 종속성이 있을 때 나타납니다. 예를 들어 한 명령어가 계산을 수행하고 그 결과를 레지스터에 저장하는 경우, 바로 다음 명령어가 해당 레지스터의 값을 사용해야 한다면 두 번째 명령어는 첫 번째 명령어의 실행이 완료될 때까지 기다려야 합니다.

▼ **그림 9-18** 데이터 해저드

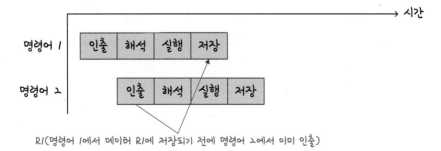

데이터 해저드도 의존성이 해결될 때까지 파이프라인을 일시적으로 지연(스톨)시켜 문제를 해결할 수 있습니다.

▼ 그림 9-19 데이터 해저드 해결 방안

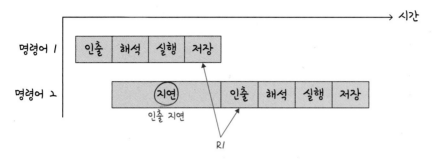

제어 해저드

제어 해저드(control hazard)는 분기(branch) 명령어(예 조건부 점프)와 관련되어 있습니다. 분기 명령어의 결과가 결정되기 전에 파이프라인은 다음에 실행할 명령어를 알 수 없습니다. 만약 분기 예측이 실패하면 이미 인출되었거나 실행 중인 명령어들은 취소해야하고, 이는 전체 명령어 처리를 지연시키는 결과를 초래합니다.

▼ 그림 9-20 제어 해저드

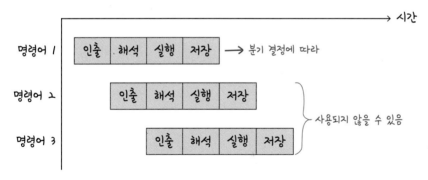

제어 해저드 역시 분기가 결정될 때까지 다음 명령어 실행을 지연시키는 방법을 사용합니다. 혹은 분기 판정을 실행 단계가 아닌 해석 단계에서 미리 하는 것도 방법입니다.

▼ 그림 9-21 제어 해저드 해결 방안

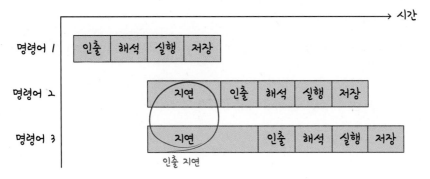

▼ 그림 9-21 제어 해저드 해결 방안

지금까지 컴퓨터 구조에 대해 알아봤습니다. 컴퓨터 구조가 주로 물리적인 하드웨어 관점에서 살펴본 것이었다면 2부에서는 운영체제가 CPU, 메모리 등을 어떻게 처리하는지 소프트웨어 관점에서 알아볼 예정입니다.

9.4 SECTION 핵심 요약

1. 코어는 CPU의 기본 연산 단위로, 프로그램의 명령어를 실행하는 데 필요한 구성 요소입니다.

2. GPU(Graphics Processing Unit)는 복잡한 수학적 계산을 빠르게 처리하기 위해 수백 개 코어를 사용하는 특수 목적의 프로세서입니다.

3. 파이프라인은 명령어를 여러 단계로 분할하여 수행 단계가 겹치지 않은 명령을 중첩하여 수행함으로써 CPU 처리 속도를 높이는 병렬 컴퓨팅 기술입니다.

4. 명령어 수행 과정에서 각 단계를 한 번씩 중첩해서 사용하는데, 이를 단일 파이프라인이라고 합니다.

5. 수퍼 파이프라인은 파이프라인의 각 단계를 더 작은 단계로 세분하여 처리 속도를 향상시키는 기술을 말합니다.

6. 수퍼 스칼라는 파이프라인을 여러 개 두어 여러 명령어를 동시에 그리고 중첩하여 실행하는 기술입니다.

7. 수퍼 파이프라인 수퍼 스칼라는 수퍼 스칼라 기법에 수퍼 파이프라인 기법을 더한 방식입니다.

8. 파이프라인 해저드는 파이프라인 처리 과정 중에 발생할 수 있는 문제점을 의미합니다.

9.5 SECTION / 확인 문제

1. (   )은/는 여러 CPU가 여러 작업을 동시에 처리하는 방식이며, (   )은/는 한 CPU가 여러 작업을 마치 동시에 처리하는 것처럼 보이도록 하는 방식입니다.

2. (   )은/는 단일 CPU에 여러 독립적인 코어가 포함된 것을 말합니다.

3. (   )은/는 컴퓨터의 핵심 부품으로 프로그램의 명령어를 해석하고 실행하는 기능을 담당합니다.

4. 명령어 (   )은/는 명령어를 레지스터(혹은 주기억 장치)로부터 가져오는 단계입니다.

5. 해석된 결과는 명령어 (   ) 단계에서 수행됩니다.

6. (   )은/는 컴퓨터와 같은 전자 시스템 내에서 정확한 타이밍을 제공하는 메커니즘입니다.

7. (   ) 해저드는 하드웨어 자원(예 메모리)의 충돌로 발생합니다.

8. (   ) 해저드는 한 명령어가 실행을 완료하기 전에 다음 명령어에서 그 결과가 필요할 때 발생합니다.

9. 명령어 단계를 일시적으로 지연시키는 것을 (   )(이)라고 합니다.

정답
1. 병렬처리, 병행처리 2. 멀티 코어 3. CPU 4. 인출 5. 실행 6. 클록 7. 구조적 8. 데이터 9. 스톨

2부

운영체제

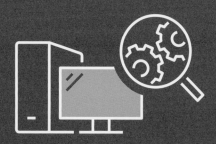

운영체제를
시작해 볼까요?

운영체제는 하드웨어와 소프트웨어의 중간 매개체 역할을 합니다. 지금부터 운영체제가 어떤 역할을 하고, 무엇을 관리하는지 자세히 알아보겠습니다.

10.1 운영체제 개요

먼저 컴퓨터에서 운영체제의 역할과 컴퓨터를 켰을 때 운영체제가 어떻게 부팅되는지(켜지는지), 그 과정을 알아봅시다.

10.1.1 운영체제 역할

운영체제(Operating System, OS)는 컴퓨터 하드웨어와 소프트웨어를 관리하고, 사용자와 컴퓨터 사이 인터페이스 역할을 합니다.

주요 기능과 역할은 다음과 같습니다. 보다 보면 프로세스, 파일 시스템 등 생소한 용어가 많이 나올 텐데, 여기서는 '운영체제가 이런 역할을 하는구나'라는 정도로만 이해해 주세요. 자세한 내용은 천천히 배울 예정입니다.

하드웨어 관리

운영체제는 CPU, 메모리, 입출력 장치 등 컴퓨터 하드웨어 자원을 관리합니다. 여기서 '관리'란 자원 충돌 없이 사용자가 하드웨어를 효율적으로 사용할 수 있도록 처리하는 것을 의미합니다.

프로세스 관리

프로세스의 생성과 종료뿐만 아니라, CPU 스케줄링을 통해 프로세스의 실행 시간도 관리합니다. 특히 멀티태스킹[1] 환경에서 프로세스 간 전환(이를 문맥 교환이라고 하며 11.5절에서 살펴보겠습니다)을 관리합니다.

▼ 그림 10-1 멀티태스킹 환경

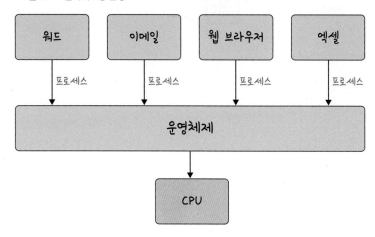

메모리 관리

각 애플리케이션에 충분한 메모리 공간을 할당합니다. 또한 가상 메모리를 통해 실제 메모리보다 큰 주소 공간을 제공합니다. 가상 메모리는 16장에서 배웁니다.

파일 시스템 관리

파일 시스템을 통해 데이터를 저장하고, 사용자와 애플리케이션이 데이터에 접근할 수 있도록 합니다. 파일을 생성하거나 읽고 쓸 수 있는 건 모두 운영체제 덕분입니다. 파일 시스템은 17장에서 배웁니다.

---

1   사용자가 여러 프로그램을 동시에 실행하거나, 시스템이 내부적으로 여러 작업을 동시에 처리하는 것

▼ **그림 10-2** 파일 시스템

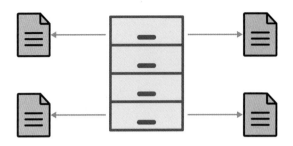

입출력 장치 드라이버 관리

장치 드라이버를 통해 입출력 장치를 관리합니다.

사용자 인터페이스

사용자 인터페이스(User Interface, UI)를 제공하여 사용자가 컴퓨터와 상호 작용할 수 있게 합니다. 인터페이스는 일반적으로 윈도우(Windows)나 iOS와 같이 그래픽 형태로 제공됩니다.

▼ **그림 10-3** 윈도우 사용자 인터페이스

보안과 접근 제어

허가된 사용자만 컴퓨터에 접근할 수 있게 하여 데이터를 보호합니다. 즉, 사용자 계정 관리, 권한 설정, 방화벽 등 다양한 보안 기능을 제공합니다.

네트워킹

컴퓨터가 네트워크를 통해 다른 컴퓨터와 데이터를 교환할 수 있도록 합니다.

10.1.2 운영체제 부팅 과정

운영체제는 어떻게 부팅될까요? 여기서 부팅 과정이란 컴퓨터를 켜고 운영체제가 동작하기까지 일련의 단계를 의미합니다. 그 과정에 대해 자세히 알아봅시다.

❶ 전원이 켜지면 BIOS(Basic Input/Output System)[2]는 POST(Power−On Self Test)[3]를 실행하여 CPU, 메모리, 기타 필수 하드웨어 구성 요소가 정상적으로 작동하는지 확인합니다.

❷ BIOS는 부트로더(bootloader)를 메모리(주기억 장치)로 가져와서 실행합니다.

❸ 부트로더는 하드 디스크나 SSD에서 운영체제를 찾아 메모리로 가져옵니다. 부트로더가 운영체제 커널을 메모리로 가져오면, 커널이 시스템의 제어를 인계받아 컴퓨터를 초기화합니다.

❹ 오피스 같은 프로그램은 일반적으로 하드 디스크, SSD 또는 다른 형태의 보조기억 장치에 저장됩니다. 사용자가 프로그램을 실행하거나 운영체제가 자동으로 프로그램을 시작할 때, 해당 프로그램의 실행 파일을 보조기억 장치에서 주기억 장치로 가져옵니다.

❺ 메모리로 가져온 프로세스(보조기억 장치에 저장된 프로그램을 주기억 장치로 가져오면 프로세스라는 명칭을 사용합니다)를 CPU가 실행합니다. CPU는 프로그램의 명령어를 해석하고 처리합니다. 이때 여러 프로세스를 동시에 관리하기 위해 운영체제가 프로세스 간에 CPU 시간을 분배합니다.

---

2 '바이오스'라고 읽으며 컴퓨터가 켜졌을 때 가장 먼저 실행되는 펌웨어로, 하드웨어 초기화와 부팅 프로세스를 관리
3 주요 하드웨어 구성 요소들이 제대로 작동하는지 확인하는 절차

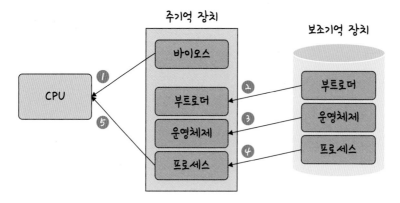

여기서 운영체제 커널이라는 용어가 등장하는데요. 바로 이어서 커널에 대해 자세히 알아보겠습니다.

 커널

커널은 운영체제의 심장이라고 할 수 있습니다. 커널이 정확히 무엇인지, 커널에 어떤 유형이 있는지 알아보겠습니다.

10.2.1 커널이란?

운영체제의 핵심은 바로 커널(kernel)입니다. 커널은 컴퓨터 하드웨어와 소프트웨어 애플리케이션 간 통신을 관리합니다. 또한 프로세스 관리, 메모리 관리, 파일 시스템, 보안, 입출력(I/O) 관리 등도 커널이 담당합니다.

이처럼 커널이 운영체제의 핵심 기능을 모두 담당하기 때문에 10.1절에서 언급한 운영체제의 역할이 곧 커널의 역할이라고 이해하면 됩니다.

▼ 그림 10-5 커널

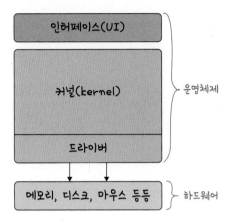

10.2.2 커널의 유형

커널은 설계 방식에 따라 크게 세 가지 유형으로 분류합니다.

모놀리식 커널

모놀리식 커널(monolithic kernel)은 운영체제의 모든 핵심 기능을 하나의 큰 프로그램(또는 단일 실행 파일)으로 만들어 커널에서 관리합니다. 핵심 기능에는 프로세스 관리, 메모리 관리, 파일 시스템, 네트워킹, 드라이버 관리 등이 모두 포함됩니다. 즉, 모든 기능이 다음 그림과 같이 커널에서 실행됩니다.

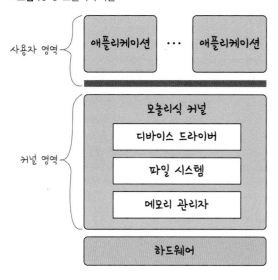

▼ 그림 10-6 모놀리식 커널

모놀리식 커널을 사용하는 운영체제로는 리눅스(Linux)와 유닉스(Unix)가 있습니다.

마이크로 커널

마이크로 커널(microkernel)은 최소 기능만 커널 안에 두고, 나머지 서비스는 사용자 영역에서 실행하는 구조입니다. 커널은 필수 서비스만 제공하므로 파일 시스템, 기본 스케줄링, 기본 메모리 관리와 같은 핵심 기능에만 집중합니다.

이 구조는 컴퓨터의 나머지 부분(예 네트워킹, 장치 드라이버 관리)이 실패하더라도 핵심 기능이 계속 작동할 수 있도록 보장합니다. 또한 기능을 쪼개서 일부는 커널에, 일부는 사용자 영역에서 관리하기 때문에 속도가 빠르다는 장점이 있습니다.

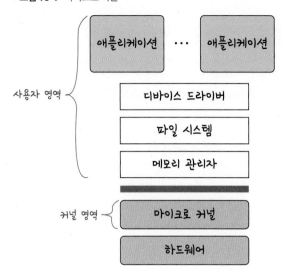

▼ **그림 10-7** 마이크로 커널

마이크로 커널을 사용하는 운영체제로는 주로 실시간 데이터 처리를 담당하는 QNX가 있습니다.

하이브리드 커널

하이브리드 커널(hybrid kernel)은 모놀리식 커널과 마이크로 커널의 특징을 결합한 방식입니다. 모놀리식 커널의 성능과 마이크로 커널의 모듈성[4]을 모두 제공하려는 목표로 설계되었습니다.

따라서 하이브리드 커널은 핵심 기능을 커널에 두지만, 가능한 한 모듈화하여 유지보수와 업데이트를 용이하게 합니다. 정리하면, 이 접근 방식은 컴퓨터의 안정성을 높이면서도 모놀리식 커널에 가까운 성능을 제공하는 것을 목표로 합니다.

하이브리드 커널을 사용하는 운영체제로는 윈도우와 iOS가 있습니다.

---

4 독립적이고 교체 가능한 부분, 즉 모듈로 나누어서 관리

10.3 / 핵심 요약

1. 운영체제는 컴퓨터 하드웨어와 소프트웨어를 관리하고, 사용자와 컴퓨터 사이 인터페이스 역할을 합니다.
2. 커널은 운영체제의 핵심으로 컴퓨터 하드웨어와 소프트웨어 애플리케이션 간 통신을 관리합니다.
3. 모놀리식 커널은 운영체제의 모든 핵심 기능을 하나의 큰 프로그램(또는 단일 실행 파일)으로 만들어서 커널에서 관리합니다.
4. 마이크로 커널은 최소 기능만 커널 안에 두고, 나머지 서비스는 사용자 영역에서 실행하는 구조입니다.
5. 하이브리드 커널은 모놀리식 커널과 마이크로커널의 특징을 결합한 방식입니다.

10.4 / 확인 문제

1. (   )은/는 CPU, 메모리, 입출력 장치 등 컴퓨터 하드웨어 자원을 관리합니다.
2. 운영체제는 (   )을/를 통해 데이터를 저장하고, 사용자와 애플리케이션이 파일에 접근할 수 있도록 합니다.
3. (   )은/는 컴퓨터가 켜졌을 때 가장 먼저 실행되는 펌웨어로, 하드웨어 초기화와 부팅 프로세스를 관리합니다.
4. 보조기억 장치에 저장된 프로그램을 주기억 장치로 가져오면 (   )(이)라는 명칭을 사용합니다.

5. (　　　　　)은/는 사용자가 여러 프로그램을 동시에 실행하거나, 시스템이 내부적으로 여러 작업을 동시에 처리하는 것을 말합니다.

6. 모놀리식 커널을 사용하는 운영체제로는 (　　　　　)와/과 (　　　　　)이/가 있습니다.

7. 하이브리드 커널을 사용하는 운영체제로는 (　　　　　)와/과 (　　　　　)이/가 있습니다.

정답

1. 운영체제　2. 파일 시스템　3. BIOS　4. 프로세스　5. 멀티태스킹　6. 리눅스, 유닉스　7. 윈도우, iOS

프로세스 상태 전환이란 무엇인가요?

프로세스 상태 전환은 운영체제의 스케줄러가 프로세스 간 CPU 시간을 분배할 때 발생합니다. 이러한 상태 전환은 프로세스의 운영체제가 시스템 자원을 효율적으로 관리하고 여러 프로세스 사이에서 안정성과 성능을 보장하는 데 중요한 역할을 합니다.

11.1 / 프로세스란?

운영체제에서 프로세스란 실행 중인 '프로그램의 인스턴스'를 말합니다. '프로그램의 인스턴스'란 특정 프로그램이 메모리에 적재되어 실행되고 있는 상태를 말합니다.

컴퓨터에서 프로그램을 실행하면 운영체제는 보조기억 장치에서 주기억 장치로 해당 프로그램의 코드와 데이터를 가져오는데, 이를 '프로세스'라고 부릅니다. 예를 들어, '메모장' 프로그램이 하드 디스크에 설치되어 있을 때, 그것은 단지 코드 덩어리일 뿐입니다. 사용자가 이 프로그램을 실행할 때 운영체제가 해당 프로그램의 복사본을 메모리에 적재하면, 이 적재된 복사본이 바로 '프로그램의 인스턴스' 또는 '프로세스'가 됩니다.

프로그램이 여러 번 실행되면, 각 프로그램은 고유한 프로세스로서 서로 독립된 메모리 공간을 할당받게 됩니다. 다음 그림과 같이 '메모장'을 두 개 실행했을 때, 다음과 같이 프로세스 ID가 두 개 생성되는 것이 보이죠?

▼ **그림 11-1** 프로세스 상태

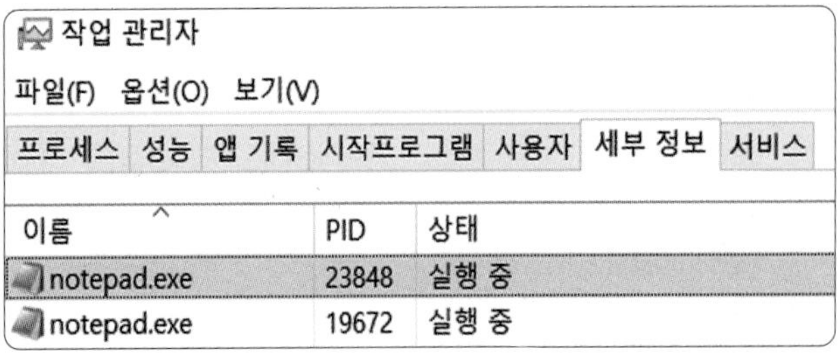

🖼 작업 관리자		
파일(F) 옵션(O) 보기(V)		
프로세스 성능 앱 기록 시작프로그램 사용자 세부 정보 서비스		
이름 ^	PID	상태
notepad.exe	23848	실행 중
notepad.exe	19672	실행 중

그럼 메모리에 위치한 프로세스는 어떤 것들로 구성되는지 알아볼까요? 프로세스는 스택, 힙, 데이터, 코드(텍스트)로 구성되어 있습니다.

▼ **그림 11-2** 프로세스 구성

스택

스택(stack)은 데이터를 저장하기 위한 일종의 상자로서, 물건을 쌓아 올리는 것과 유사한 방식으로 작동합니다. 물건을 쌓을 때는 새로운 물건이 항상 위쪽에 놓이고, 쌓인 물건을 치울 때는 가장 위에 있는 것부터 가져갑니다. 이와 같이 스택은 후입선출(Last In First Out, LIFO) 방식으로 저장하고 처리합니다.

스택을 사용하는 대표적인 예는 브라우저인데요. 사용자가 방문한 페이지가 스택에 저장되어 뒤로 가기 버튼을 누를 때마다 최근 방문한 페이지로 돌아갈 수 있습니다. 이와 같이 스택에는 임시 데이터가 저장된다고 이해하면 됩니다.

힙

힙(heap)은 무작위로 물건을 넣을 수 있는 큰 상자와 같습니다. 필요할 때마다 아무 곳에나 물건을 넣거나 뺄 수 있는 상자를 생각하면 됩니다. 힙은 프로그램이 실행되는 동안 필요할 때마다 메모리를 가져다 쓸 수 있는 곳이며, 사용이 끝나면 그 공간을 다시 반환할 수도 있습니다. 즉, 프로그램이 필요에 따라 사용할 수 있는 메모리의 '자유 공간'과 같습니다.

또한, 힙은 프로그램이 실행 중일 때 필요한 만큼 메모리를 할당하거나 해제할 수 있습니다. 따라서 힙은 동적으로 크기가 결정되거나 장기간 데이터를 유지해야 하는 프로그램에서 유용합니다. 이때 '동적으로 크기가 결정된다'는 말은 프로그램이 실행되는 동안에 메모리의 크기와 수명이 결정된다는 의미입니다.

하지만 동적으로 할당된 메모리는 사용한 후에 반드시 해제해야 하며, 그렇지 않으면 메모리 누수와 같은 문제가 발생할 수 있습니다.

스택과 힙, 모두 데이터가 저장되는 상자라고 설명했기 때문에 명확히 구분되지 않을 수 있는데요. 간단히 정리하면, 스택은 규칙이 있고 자동으로 관리되는 메모리 공간인 반면에, 힙은 더 자유롭게 사용할 수 있는 메모리 공간이지만 관리가 복잡한 특징이 있습니다.

데이터와 코드

코드(code) 영역은 프로그램이 '무엇을 해야 하는지'에 대한 정보를 제공합니다. 코드 영역에는 프로그램이 수행해야 하는 모든 명령어가 저장됩니다. 예를 들어, 특정 연산을 하거나 어떤 조건이 참인지 확인하는 명령어 등이 이에 해당합니다. 코드 영역에 저장된 명령어는 변경되지 않으며, 프로그램이 실행되는 동안 그대로 유지됩니다.

반면에, 데이터(data) 영역은 프로그램이 '무엇을 사용해야 하는지'에 대한 정보를 제공합니다. 데이터 영역에는 프로그램이 시작될 때 생성되어 프로그램이 종료될 때까지 유지되는 정보, 예를 들어 전역 변수(global variable)와 정적 변수(static variable)가 저장됩니다. 전역 변수는 프로그램의 어디서든 접근할 수 있는 변수이며, 정적 변수는 한 번 선언되면 프로그램이 종료될 때까지 그 값을 유지하는 변수입니다.

C언어로 알아보는 프로세스

C언어를 알고 있다면 다음 코드로 스택, 힙, 데이터, 코드(텍스트)라는 영역을 이해해 봅시다.

▼ **그림 11-3** 코드로 알아보는 프로세스

```c
#include <stdio.h>
#include <stdlib.h>

// 'globalVar'는 데이터 섹션에 저장됩니다. (전역 변수)
int globalVar = 5;

// 'staticVar'는 데이터 섹션에 저장됩니다. (정적 변수)
static int staticVar = 10;

// 'useStackMemory' 함수는 텍스트 섹션에 저장됩니다. (함수 코드)
void useStackMemory() {
    // 'stackVar'는 스택 섹션에 저장됩니다. (지역 변수)
    int stackVar = 20;
    printf("Stack variable value: %d\n", stackVar);
}

// 'useHeapMemory' 함수는 텍스트 섹션에 저장됩니다. (함수 코드)
void useHeapMemory() {
    // 'heapVar'는 힙 섹션에 저장됩니다. (동적 할당된 메모리)
    int* heapVar = (int*)malloc(sizeof(int));
    *heapVar = 30;
    printf("Heap variable value: %d\n", *heapVar);
    free(heapVar); // 동적 할당된 메모리를 해제합니다.
}

// 'main' 함수는 텍스트 섹션에 저장됩니다. (함수 코드)
int main() {
    printf("Data section variable 'globalVar' value: %d\n", globalVar);
    printf("Data section variable 'staticVar' value: %d\n", staticVar);

    // 스택 섹션을 사용하는 함수를 호출합니다.
    useStackMemory();

    // 힙 섹션을 사용하는 함수를 호출합니다.
    useHeapMemory();

    return 0;
}
```

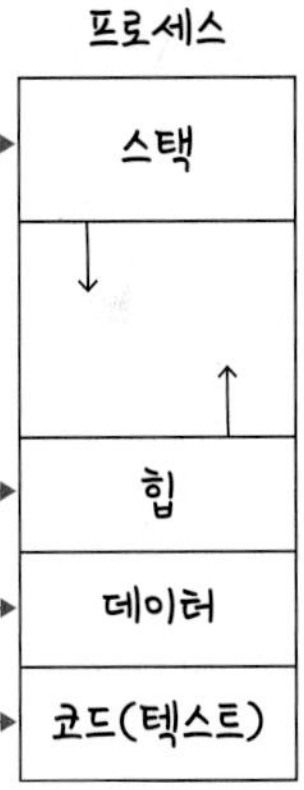

프로세스

스택
힙
데이터
코드(텍스트)

지금까지 프로세스가 무엇인지 알아봤습니다. 바로 이어서 프로세스 상태 전환에 대해 확인해 볼까요?

11.2 SECTION 프로세스 상태 전환

프로세스 상태 전환이란 프로세스가 생성, 수행, 소멸되는 과정에서 필요에 따라 변경되는 상태 및 전이 과정을 말합니다. 이때 상태에는 다음과 같은 것이 있습니다.

- 생성(new): 프로세스를 생성하고 있는 상태
- 준비(ready): 프로세스가 CPU 할당을 기다리고 있는 상태
- 실행(running): 프로세스가 CPU를 할당받아 명령어를 실행하고 있는 상태
- 보류(suspended): 프로세스가 일시적으로 메모리를 떠나 하드 디스크에 보관되는 상태
- 대기(waiting): 프로세스가 특정 이벤트(예 입출력 작업 완료)나, 자원이 사용 가능해질 때까지 실행을 일시 중지하는 상태
- 완료(종료)(terminated): 프로세스 실행이 끝나고 컴퓨터에서 제거된 상태

하지만 일반적으로 상태 전환이라는 용어는 다음 그림과 같이 준비, 실행, 대기, 종료로만 한정하여 이야기하는 경우가 많습니다.

▼ **그림 11-4** 프로세스 상태 전환

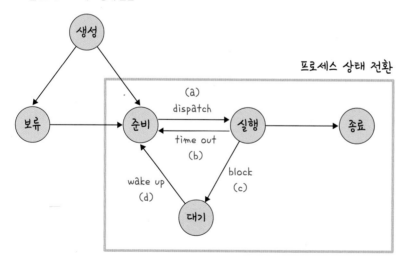

그림 11-4에서 표시된 (a)~(d) 상태 전환에 대해서는 다음 표를 참조하세요.

▼ 표 11-1 프로세스 상태 전환 설명

기호	상태 전환	과정	설명
(a)	dispatch	준비 → 실행	프로세스를 생성해서 CPU를 할당받으면 실행 상태로 전환
(b)	time out	실행 → 준비	CPU 할당 시간이 지나면 스케줄러에 의해 프로세스 상태가 PCB에 저장된 후, 준비 상태로 전환
(c)	block	실행 → 대기	입출력 작업 요청[1]은 있었지만, 즉시 할당을 받을 수 없어 할당받을 때까지 대기
(d)	wake up	대기 → 준비	필요한 자원이 할당되면 다시 준비 상태로 전환

정리하면, 상태 전환이란 CPU가 쉬지 않고 프로세스를 처리하기 위해 프로세스들에 자원을 분배해서 할당하는 것을 의미합니다. 그리고 이 과정은 스케줄러가 관리합니다.

11.3
SECTION
프로세스 스케줄링

프로세스 스케줄링(process scheduling)은 운영체제가 프로세스들 사이에서 CPU 시간을 어떻게 분배할지 결정하는 활동입니다. 멀티태스킹 환경에서는 여러 프로세스가 동시에 실행되기를 요구하기 때문에 매우 중요한 기능입니다.

프로세스의 스케줄링을 위해 운영체제는 여러 종류의 큐를 사용합니다.

작업 큐(job queue): 프로그램이 사용자에 의해 실행되거나 컴퓨터에 의해 스케줄링되면, 해당 프로그램의 프로세스가 생성되어 작업 큐에 들어갑니다. 이후 작업 큐에 들어간 프로세스는 메모리에 적재되고, 운영체제는 이 프로세스를 관리하기 위해 준비 큐에 넣게 됩니다.

---

1   프로그램이 데이터를 입력받거나 출력하기 위해 운영체제나 하드웨어에 요청하는 과정

준비 큐(ready queue): CPU를 할당받을 준비가 완료된 프로세스가 대기하는 큐입니다. 프로세스는 CPU를 기다리는 동안 준비 큐에 있습니다. 스케줄러는 준비 큐에서 프로세스를 선택하여 실행 상태로 전환합니다.

장치 큐(I/O queue): 입출력 장치에서 작업을 요청하는 프로세스가 대기하는 큐입니다. 프로세스가 입출력 작업을 요청하면,

❶ 관련 입출력 요청은 장치 큐에 들어가고,

❷ 기존 프로세스는 실행 상태에서 대기 상태로 전환됩니다.

❸ 입출력 작업은 CPU를 할당받습니다.

해당 입출력 작업이 완료되면 원래 실행 상태였던 프로세스는 다시 준비 큐로 이동하여 CPU를 할당받을 기회를 갖게 됩니다.

▼ **그림 11-5** 프로세스 스케줄링을 위한 큐

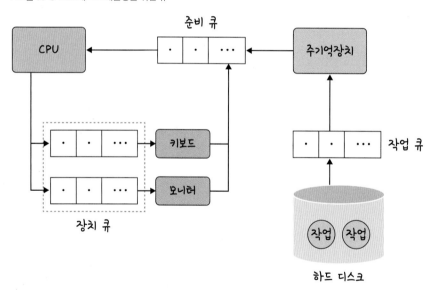

큐 다음으로 알아볼 것은 프로세스 스케줄러입니다. 운영체제의 프로세스 스케줄러는 프로세스가 CPU를 할당받을 순서를 결정합니다. 이 스케줄러는 크게 세 유형으로 나눌 수 있는데, 각각 장기 스케줄러, 중기 스케줄러, 단기 스케줄러라고 부릅니다.

- 장기 스케줄러(long-term scheduler): 시스템의 전반적인 부하를 관리

- 중기 스케줄러(mid-term scheduler): 메모리 관리를 담당

- 단기 스케줄러(short-term scheduler): CPU의 즉각적인 할당을 결정

▼ **그림 11-6** 프로세스 스케줄러

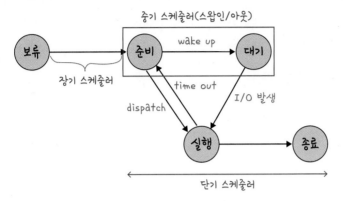

다음은 각 스케줄러에 대해 정리한 표입니다.

▼ **표 11-2** 프로세스 스케줄러의 유형

스케줄러	설명	상태 전환
장기 스케줄러	프로세스가 주기억 장치에 적재되어 준비 큐로 이동하는 빈도를 결정	보류 → 준비
중기 스케줄러	주기억 장치 공간이 부족할 때 프로세스를 일시적으로 가상 메모리(하드 디스크)로 옮기고, 필요할 때 다시 메모리로 가져오는 것을 결정	준비 → 대기
단기 스케줄러	준비 큐에 있는 프로세스 중에서 CPU에 할당될 프로세스를 선택	준비 → 실행(혹은 대기)

정리하면, 운영체제의 스케줄러와 프로세스 관리 정책에 따라 상태 전환이 결정되며 프로세스 상태는 '프로세스 제어 블록'이라는 곳에 기록되어 관리됩니다.

프로세스 제어 블록

프로세스 제어 블록(Process Control Block, 이하 PCB)은 운영체제가 각 프로세스를 관리하기 위한 정보들을 저장하는 곳입니다. 즉, PCB는 운영체제가 프로세스를 효율적으로 스케줄링하고 관리하도록 돕기 위해 프로세스에 대한 중요한 정보를 담고 있습니다.

PCB에 저장되는 정보는 다음과 같습니다.

▼ 그림 11-7 PCB

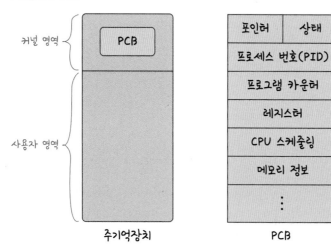

다음 표는 각 정보에 대한 설명입니다.

▼ 표 11-3 PCB에 포함된 정보

정보	설명
포인터	프로세스 및 자원에 대한 포인터
프로세스 상태	실행, 대기 등 프로세스의 현재 상태
프로세스 번호(Process ID, PID)	각 프로세스를 구별하는 고유한 번호
프로그램 카운터	프로세스가 다음에 어떤 명령어를 실행해야 하는지를 가리키는 포인터(주소)
레지스터	프로세스가 중단된 시점에 CPU 레지스터의 현재 값을 저장
CPU 스케줄링 정보	프로세스의 우선순위, 스케줄에 대한 정보 등
메모리 정보	프로세스의 메모리 할당에 대한 정보(예 페이지 테이블, 세그먼트 테이블 등)

PCB를 관리하기 위해 프로세스 테이블(process table)을 사용합니다.

프로세스 테이블은 시스템에서 현재 사용 중인 모든 프로세스의 PCB를 저장하는 테이블 입니다. 이 테이블은 운영체제가 프로세스를 관리하기 위해 사용하는 데이터베이스로 볼 수 있습니다. 따라서 컴퓨터의 모든 프로세스에 대한 정보를 추적하고 관리하는 데 필요한 데이터가 저장되어 있습니다.

▼ 그림 11-8 프로세스 테이블

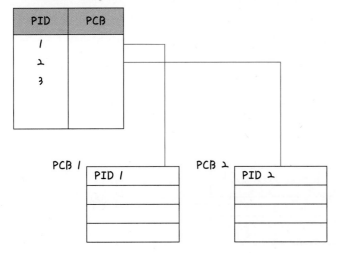

정리하면, 프로세스 테이블은 PCB의 집합으로, 시스템에서 실행 중인 모든 프로세스의 상태를 빠르게 참조하고 업데이트할 수 있게 해 줍니다. 운영체제는 프로세스를 생성할 때마다 해당 프로세스를 위한 PCB를 생성하고 프로세스 테이블에 추가합니다. 프로세스가 종료되면 운영체제는 그 프로세스의 PCB를 삭제하고 프로세스 테이블에서 제거합니다.

PCB가 언제 어떻게 사용되는지 더 알아보기 위해 바로 이어서 문맥 교환에 대해 살펴보겠습니다.

문맥 교환

문맥 교환(context switching)은 운영체제가 한 프로세스에서 다른 프로세스로 CPU 할당을 전환하는 과정입니다. 문맥 교환 과정에서 PCB가 사용되는데요. 운영체제는 현재 실행 중인 프로세스의 상태(문맥)를 PCB에 저장하고 다음에 실행할 프로세스의 상태를 복원합니다.

문맥 교환의 주요 단계는 다음과 같습니다.

▼ **그림 11-9** 문맥 교환 과정

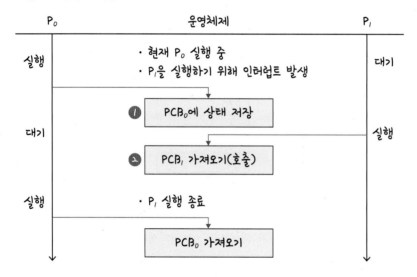

❶ 현재 실행 중인 프로세스(P_0)에 인터럽트가 발생하면 운영체제는 CPU 레지스터, 프로그램 카운터, 프로세스 번호와 같은 현재 프로세스의 상태 정보를 PCB_0에 저장합니다.

❷ 인터럽트를 일으킨 프로세스(P_0)의 PCB_1에서 상태 정보를 읽어와 복원합니다. 이를 통해 프로세스는 마지막으로 중단되었던 지점부터 실행을 재개할 수 있습니다.

이후 ❷번 과정이 완료되면 다시 ❶번 프로세스 PCB_0 정보를 불러와서 복원합니다. 이 과정이 빠르게 진행되기 때문에 멀티태스킹이 가능한 것이죠.

▼ **그림 11-10** 프로세스 문맥 교환

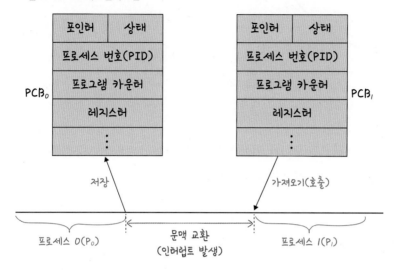

그럼 문맥 교환은 어떤 상황에서 발생하는지 알아볼까요?

- 대부분 멀티태스킹 운영체제는 프로세스마다 CPU 시간을 할당합니다. 한 프로세스의 시간 할당이 끝나면 다음 프로세스로 전환해야 하는데, 이때 문맥 교환이 발생합니다.

- 프로세스가 입출력 작업을 요청하면, 이 작업이 완료될 때까지 프로세스는 대기 상태로 전환됩니다. 이때 문맥 교환이 발생합니다.

- 인터럽트가 발생하면, 현재 프로세스를 중단하고 인터럽트를 처리하기 위해 문맥 교환이 발생합니다.

특히 다음 그림과 같이 다중 프로그래밍[2]에서 문맥 교환이 빈번히 일어나는데 이는 오버헤드(overhead)[3]를 초래할 수 있으니 주의해야 합니다.

---

2 운영체제가 메모리에 여러 프로그램을 동시에 유지함으로써 CPU 사용률을 최대화하는 기술
3 어떤 작업을 수행하기 위해 추가로 필요한 시간, 메모리, 컴퓨팅 자원

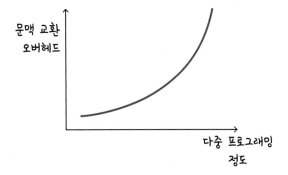

▼ **그림 11-11** 문맥 교환 오버헤드와 다중 프로그래밍 정도

문맥 교환으로 인한 오버헤드를 줄이기 위한 방법 중 하나는 스레드를 사용하는 것입니다. 스레드에 대해서는 바로 이어서 자세히 다루겠습니다.

11.6 / 스레드와 스레드 제어 블록
SECTION

스레드는 프로세스 내에서 실행되는 가장 작은 실행 단위입니다. 각 스레드는 프로세스 자원(메모리, 열린 파일 등)을 공유하지만, 자신만의 상태(**예** 프로그램 카운터, 레지스터 세트, 스택)를 가집니다. 그리고 상태를 저장하는 것이 스레드 제어 블록입니다.

먼저 스레드에 대해 자세히 알아봅시다.

11.6.1 스레드란?

그동안 프로세스에 대해 다루었다면 이번에는 프로세스보다 가벼운 스레드에 대해 다루겠습니다. 스레드(thread)는 프로세스 내에서 실행되는 단위로, 프로세스의 코드와 데이터 공간을 공유하면서 여러 스레드가 동시에 실행될 수 있습니다.

프로세스는 앞에서 설명했듯이 주기억 장치 내에서 스택, 힙, 데이터, 코드(텍스트)로 구성됩니다.

▼ 그림 11-12 프로세스

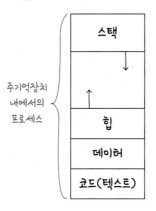

하지만 프로세스 하나에 여러 스레드가 있을 수 있으며, 모든 스레드는 프로세스의 힙, 데이터, 코드를 공유하지만 스택만 개별적으로 가지고 있는 구조입니다.

▼ 그림 11-13 스레드

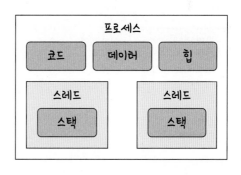

스레드는 프로세스보다 생성, 시작, 종료가 빠르며, 문맥 교환에 따른 오버헤드가 적습니다. 또한 각 스레드는 독립적으로 실행되며, 다른 스레드의 실행에 직접 영향을 받지 않습니다. 스레드는 특히 멀티프로세서[4] 시스템에서는 여러 스레드가 동시에 병렬로 실행될 수 있어 성능 향상을 기대할 수 있습니다.

11.6.2 프로세스와 스레드 차이

앞에서 잠깐 살펴봤지만, 프로세스와 스레드의 차이를 더 구체적으로 알아볼까요?

프로세스와 스레드는 컴퓨터에서 프로그램을 실행하는 데 사용하는 기본 실행 단위이지만, 둘은 서로 다른 방식으로 작동합니다. 주요 차이점은 다음과 같습니다.

메모리 공간

프로세스	독립적인 메모리 공간(코드, 데이터, 스택, 힙 등)을 가집니다. 각 프로세스는 자신만의 주소 공간을 가지며 다른 프로세스와 직접적으로 메모리를 공유하지 않습니다.
스레드	같은 프로세스 내 스레드들은 코드, 데이터, 힙 공간을 공유하지만 각 스레드는 독립적인 스택과 레지스터 상태가 있습니다.

▼ 그림 11-14 프로세스와 스레드의 메모리 공간

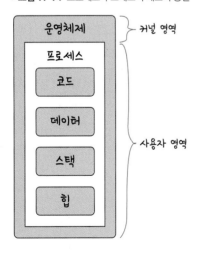

---

4   여러 CPU를 갖춘 컴퓨터

자원 공유

프로세스	프로세스 간 통신(IPC) 메커니즘을 사용해 자원을 공유하므로 비교적 오버헤드가 큽니다.
스레드	같은 프로세스 내에서 자연스럽게 자원을 공유할 수 있어 통신이 더 쉽고 빠릅니다.

생성과 관리

프로세스	스레드에 비해 시간이 오래 걸리고 더 많은 자원이 필요합니다.
스레드	더 가볍고 빠르게 생성되며 문맥 전환도 빠릅니다.

독립성

프로세스	서로 독립적으로 실행되며 한 프로세스가 실패하더라도 다른 프로세스에 영향을 미치지 않습니다.
스레드	프로세스의 자원과 메모리 공간을 공유합니다. 따라서 동일한 프로세스 내에서 한 스레드에 문제가 발생하면 프로세스 전체에 영향을 줄 수 있습니다.

▼ 그림 11-15 프로세스와 스레드의 독립성

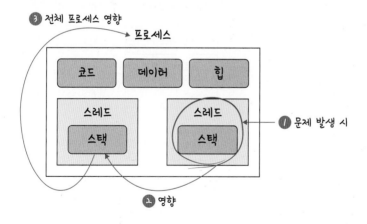

성능

프로세스	독립적인 자원을 할당받기 때문에 다른 프로세스와 자원을 두고 경쟁할 일이 적습니다.
스레드	자원을 공유하기 때문에 자원 경쟁으로 인한 복잡성이 증가할 수 있습니다.

통신

프로세스	소켓, 파일, 파이프 등을 통해 통신해야 합니다.
스레드	같은 데이터를 공유하기 때문에 직접 통신할 수 있습니다.

요약하면, 프로세스는 독립적인 실행 단위로 자체적인 메모리 공간과 자원을 가지며 다른 프로세스와는 격리되어 실행됩니다. 반면, 스레드는 더 경량화한 실행 단위로 같은 프로세스 내에서 메모리와 자원을 공유하며 실행됩니다.

노트

IPC 통신

IPC(Inter-Process Communication) 통신은 프로세스 간 통신을 위한 메커니즘으로, 프로세스 간에 데이터를 주고받거나 상태를 공유하기 위해 사용됩니다. 프로세스는 독립적인 메모리 공간을 가지므로 이러한 통신 메커니즘을 통해 상호 작용합니다.

IPC 구현 방식에는 공유 메모리를 사용하는 것과 메시지 큐를 이용하는 방법이 있습니다.

▼ 표 11-4 공유 메모리와 메시지 큐

구분	공유 메모리(shared memory)	메시지 큐(message queue)
개념	둘 이상의 프로세스가 같은 메모리 영역을 공유하여 데이터를 주고받습니다.	메시지 기반 통신 방법으로, 프로세스가 메시지 큐에 메시지를 보내고 받을 수 있습니다.
개념도		
충돌	발생 가능	없음
속도	많은 용량을 고속으로 전달	적은 용량을 저속으로 전달
커널 간섭	공유 메모리를 구성할 때만 시스템 호출 필요	메시지를 전달할 때마다 시스템 호출 필요

시스템 호출

시스템 호출(system call)은 프로그램이 운영체제의 커널 서비스를 요청할 때 사용하는 인터페이스입니다. 프로그램이 파일을 읽고 쓰거나 네트워크 통신을 하거나 프로세스를 생성하거나 제어하는 등 작업을 수행할 때 하드웨어에 접근해야 하는데, 이때 운영체제(특히 커널)를 통해 하드웨어 접근이 이루어집니다. 시스템 호출 과정은 다음과 같습니다.

❶ 애플리케이션 프로그램은 특정 작업을 수행하기 위해 시스템 호출을 요청합니다.

❷ 이 요청은 사용자 모드[5]에서 커널 모드[6]로 전환되는 트리거를 일으킵니다.

❸ 커널은 요청받은 작업을 수행합니다. 이때 커널은 요청이 유효하고 안전한지 검사하고 필요한 자원에 접근합니다.

❹ 작업이 완료되면 결과는 애플리케이션에 반환되고 시스템은 사용자 모드로 다시 전환됩니다.

▼ **그림 11-16** 시스템 호출

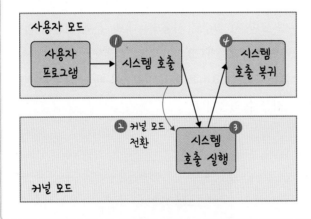

11.6.3 스레드 제어 블록

스레드 제어 블록(Thread Control Block, 이하 TCB)은 운영체제가 각 스레드를 관리하기 위해 사용하는 데이터를 저장하는 곳입니다. PCB가 프로세스의 정보를 관리하는 것과 유사하게, TCB는 다음과 같은 스레드 정보를 관리합니다.

---

5 일반 응용 프로그램이 실행되는 모드, 사용자 영역과 같은 의미
6 운영체제의 핵심 부분인 커널이 실행되는 모드, 커널 영역과 같은 의미

TCB에서 관리하는 정보는 다음과 같습니다.

▼ 표 11-5 TCB에서 관리하는 정보

정보	설명
스레드 식별자(Thread ID)	각 스레드를 식별하는 고유한 식별자
스레드 상태	실행, 준비, 대기 등 스레드의 현재 상태
프로그램 카운터(program counter)	스레드가 다음에 실행할 명령어의 주소
레지스터	스레드가 현재 사용하고 있는 CPU 레지스터의 값을 저장
스레드 우선순위	스케줄링 결정에 사용되는 스레드의 우선순위
스레드 스택 포인터	스택 내에서 현재 작업의 위치를 가리키는 레지스터
스레드 문맥 정보	문맥 교환 시 저장되고 복원되어야 할 정보

TCB 역시 PCB와 마찬가지로 문맥 교환 시 필수로 사용되는데요. 문맥 교환이 발생할 때, 운영체제는 현재 실행 중인 스레드의 상태를 TCB_0에 저장하고 당장 실행해야 하는 스레드의 TCB_1에서 상태를 복원합니다. 특히 TCB는 PCB와 비교했을 때 담고 있는 정보가 적기 때문에 문맥 교환을 빠르게 처리할 수 있습니다.

▼ 그림 11-17 TCB 문맥 교환

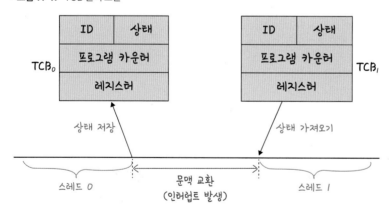

1. 운영체제가 해당 프로그램의 코드와 데이터를 메모리에 할당하는데, 이를 '프로세스'라고 부릅니다.

2. 스택은 데이터를 LIFO(Last In First Out) 방식으로 저장하고 처리합니다.

3. 힙은 프로그램이 실행 중일 때 필요한 만큼 메모리를 할당하거나 해제할 수 있습니다. 힙은 동적으로 크기가 결정되거나 장기간 데이터를 유지하는 메모리 요구 사항을 가진 프로그래밍에서 유용합니다.

4. 프로세스 스케줄링은 운영체제가 프로세스들 사이에서 CPU 시간을 어떻게 분배할지 결정하는 활동입니다.

5. 장기 스케줄러는 시스템의 전반적인 부하를 관리하고, 중기 스케줄러는 메모리 관리를 담당하며, 단기 스케줄러는 CPU의 즉각적인 할당을 결정합니다.

6. PCB(Process Control Block)는 운영체제가 각 프로세스를 관리하기 위한 정보들을 저장하는 곳입니다.

7. 프로세스 테이블은 시스템에서 현재 사용 중인 모든 프로세스의 PCB를 저장하는 테이블입니다.

8. 문맥 교환은 운영체제가 한 프로세스에서 다른 프로세스로 CPU 할당을 전환하는 과정입니다.

9. 스레드는 프로세스 내에서 실행되는 단위로, 프로세스의 코드와 데이터 공간을 공유하면서 여러 스레드가 동시에 실행될 수 있습니다.

10. IPC(Inter-Process Communication) 통신은 프로세스 간 통신을 위한 메커니즘으로, 프로세스 간에 데이터를 주고받거나 상태를 공유하기 위해 사용됩니다.

11. 시스템 호출은 프로그램이 운영체제의 커널 서비스를 요청할 때 사용하는 인터페이스입니다.

12. TCB(Thread Control Block)는 운영체제가 각 스레드를 관리하기 위해 사용하는 데이터들을 저장하는 곳입니다.

11.8 / 확인 문제

1. 프로그램의 (   )은/는 특정 프로그램이 메모리에 적재되어 실행되고 있는 상태를 말합니다.

2. 프로세스는 (   ), (   ), 데이터, 코드(텍스트)로 구성되어 있습니다.

3. (   )은/는 프로세스를 생성해서 CPU를 할당받으면 실행 상태로 전환되는 것을 말합니다.

4. (   )은/는 필요한 자원이 할당되면 다시 준비 상태로 전환되는 것을 말합니다.

5. (   )은/는 운영체제가 메모리에 여러 프로그램을 동시에 유지함으로써 CPU 사용률을 최대화하는 기술입니다.

6. (   )은/는 어떤 작업을 수행하기 위해 추가로 필요한 시간, 메모리, 컴퓨팅 자원을 말합니다.

7. (   ) 큐는 CPU를 할당받을 준비가 완료된 프로세스가 대기하는 큐입니다.

8. (   ) 큐는 입출력 작업을 요구하는 프로세스가 대기하는 큐입니다.

9. (   ) 모드는 일반 응용 프로그램이 실행되는 모드를 말하며, (   ) 모드는 운영체제의 핵심 부분인 커널이 실행되는 모드를 말합니다.

정답

1. 인스턴스   2. 스택, 힙   3. dispatch   4. wake up   5. 다중 프로그래밍   6. 오버헤드 7. 준비 8. 장치 9. 사용자, 커널

프로세스 동기화란
무엇인가요?

프로세스 동기화는 멀티프로세싱[1] 환경에서 데이터의 일관성과 무결성을 유지하고, 자원을 공유할 때 발생할 수 있는 문제를 방지하기 위해 필요합니다.

12.1 / 임계 영역

먼저 임계 영역에 대해 설명하겠습니다. 임계 영역(critical section)은 멀티태스킹 환경에서 공유 자원에 대한 접근을 관리하는 것을 말합니다. 한 번에 한 프로세스(또는 스레드)만이 이 영역에 들어가서 자원에 접근하고 변경할 수 있습니다.

▼ **그림 12-1** 임계 영역

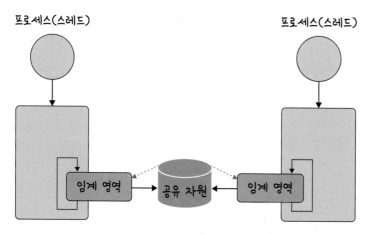

그렇다면 임계 영역이 왜 필요할까요? 다음 예시를 살펴봅시다.

서로 다른 ATM 두 개에서, 동일한 계좌를 동시에 이용하는 상황을 떠올려 봅시다. ATM을 각각 P0, P1이라고 하겠습니다. P0에서 1원을, P1에서는 2원을 동시에 입금하면 어떻게 될까요? 통장 잔고에 3원에 찍혀 있을까요? 이 상황에서 잔액이 정확하게 업데이트되지 않을 수 있습니다. 여기서 계좌 잔액을 확인하고 업데이트하는 부분이 임계 영역에 해당됩니다.

---

1 여러 CPU 코어나 프로세서를 사용하여 동시에 여러 작업을 수행하는 컴퓨팅 방식

▼ 그림 12-2 두 프로세스 동시 실행

```
P0
{
Read(A);
A=A+1;
Write(A);
}
```

```
P1
{
Read(A);
A=A+2;
Write(A);
}
```

또 다른 예를 들어 볼까요?

학교나 회사에서 프린터를 사용하는 상황을 떠올려 봅시다. 여러 사용자가 동시에 인쇄 요청을 보내면 프린터는 누구의 요청을 먼저 처리해야 할지 순서를 관리해야 합니다. 여기서 인쇄 작업에 대한 목록을 추가하거나 제거하는 부분이 임계 영역에 해당합니다.

즉, 여러 사람(혹은 자원)이 접근하여 사용할 수 있는 것이 공유 자원이며, 이 공유 자원을 관리하는 것이 임계 영역입니다.

임계 영역에는 주요한 특징이 있는데요. 바로 상호 배제(mutual exclusion) 원칙을 따른다는 것입니다. 한 프로세스(혹은 스레드)가 임계 영역에서 작업을 수행하고 있을 때, 다른 프로세스는 그 영역에 들어갈 수 없습니다.

다음 그림과 같이 프로세스 A가 임계 영역에 진입하여 자원을 사용 중이면 프로세스 B는 임계 영역에 진입할 수 없는 것이죠.

▼ 그림 12-3 상호 배제

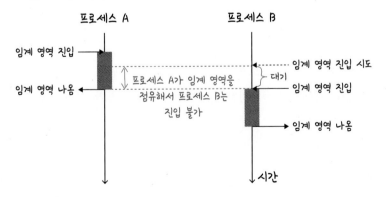

하지만 임계 영역 외부에서 대기하는 프로세스(혹은 스레드)가 결국에는 임계 영역에 들어가야 합니다. 대기만 하고 있을 수는 없으니까요. 그러려면 한 프로세스가 공유 자원을 영구적으로 사용해서는 안 되겠죠?

따라서 대기 시간을 제한해야 합니다. 무한정 대기만 하고 있을 수는 없으니 시간에 제한을 둡니다. 이를 한계 대기(bounded waiting)라고 합니다.

임계 영역을 관리하기 위한 방법으로 동기화 기법이 있습니다. 이는 12.3절에서 알아보겠습니다.

12.2 프로세스 경쟁 조건
SECTION

프로세스 경쟁은 둘 이상의 프로세스 또는 스레드가 동시에 공유 자원에 접근하여 데이터를 읽거나 쓸 때 발생하는 문제입니다.

여기에서는 프로세스 경쟁 조건과 해결 방법에 대해 알아보겠습니다.

12.2.1 프로세스 경쟁 조건이란?

프로세스 또는 스레드가 데이터나 자원에 동시에 접근할 때, 그 순서나 타이밍에 따라 실행 결과가 달라질 수 있는 상황을 경쟁 조건(race condition)이라고 합니다.

경쟁 조건은 멀티태스킹 환경에서 여러 프로세스나 스레드가 공유 자원에 동시 접근을 시도할 때 발생하며, 이로 인해 데이터가 불일치하게 되거나 예측할 수 없는 결과를 초래할 수 있습니다.

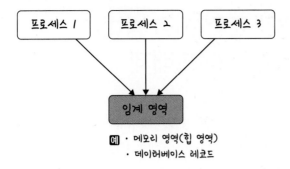
▼ **그림 12-4** 프로세스 경쟁 조건

예시를 몇 가지 더 들어 보겠습니다.

여러 프로세스가 동시에 같은 설정 파일을 수정하려고 파일에 접근하는 상황을 가정해 봅시다. 이때 마지막으로 파일을 쓰는 프로세스만 변경 사항을 반영하고 이전에 실행한 모든 수정 사항은 손실될 수 있습니다.

또한, 여러 스레드가 동시에 공유 메모리에 쓰기 작업을 시도할 때, 최종 메모리에 저장된 상태는 스레드의 실행 순서에 따라 달라질 수 있습니다. 이 역시 경쟁 조건에 의한 결과입니다.

그렇다면 경쟁 조건을 해결하기 위한 방법은 무엇일까요? 상호 배제 기반의 동기화 기법이 있습니다. 상호 배제가 자원에 대한 접근을 제어하는 방법 중 하나라면 동기화는 이보다 넓은 개념으로 상호 배제뿐만 아니라 조건 동기화(예 순서를 보장하기 위해 특정 조건을 만족할 때까지 대기)와 같은 개념을 포함합니다.

12.3 / 프로세스 경쟁 조건 해결 방법: 알고리즘 기반의 상호 배제

SECTION

상호 배제(mutual exclusion)란 여러 프로세스나 스레드가 동시에 공유 자원(데 데이터, 파일 등)을 사용하지 못하게 하는 것을 말합니다. 이 방법에는 데커 알고리즘, 피터슨 알고리즘, 램포트 베이커리 알고리즘이 있습니다.

12.3.1 데커 알고리즘

데커 알고리즘(Decker's algorithm)은 두 프로세스(스레드)가 임계 영역에 동시에 접근하는 것을 방지하기 위한 알고리즘입니다. 이 알고리즘은 공유 자원에 대한 동시 접근을 막아 데이터의 무결성을 보장하며, 두 프로세스가 번갈아 가며 임계 영역에 진입할 수 있도록 합니다.

데커 알고리즘을 이해하기 위해서는 다음 두 주요 변수를 이해해야 합니다.

- 플래그(flag): 각 프로세스가 임계 영역에 진입하려 할 때 true로 설정합니다. 프로세스가 임계 영역에 진입하려 한다는 의사를 나타냅니다.
- 턴(turn): 현재 어떤 프로세스가 임계 영역에 접근할 차례인지를 나타냅니다. 프로세스가 자신의 차례가 될 때까지 기다리게 함으로써 공정성을 보장할 수 있습니다.

데커 알고리즘의 주요 변수에 대해 알아봤으니, 이제 기본 동작 원리도 함께 확인해 볼까요?

❶ 프로세스가 임계 영역에 진입하려고 할 때, 해당 프로세스는 자신의 플래그를 true로 설정하여 진입 의사를 표시합니다.

❷ 임계 영역에 진입한 프로세스는 필요한 작업을 수행합니다.

❸ 이때 대기 중인 프로세스는 다른 프로세스의 플래그가 false이거나, 자신의 차례가 될 때까지 기다립니다.

❹ 임계 영역에서 작업을 마친 프로세스는 자신의 플래그를 false로 되돌려 다른 프로세스 가 진입할 수 있도록 합니다.

이를 C언어로 구현하면 다음과 같습니다. 코드는 참고로만 봐 주세요.

`코드`

```c
#include <stdio.h>
#include <stdbool.h>

// 두 프로세스의 플래그와 턴 변수
bool flag[2];
int turn;

void enter_region(int process) { // 프로세스(process)는 0 또는 1
    int other = 1 - process;    // 다른 프로세스 번호
    flag[process] = true; // 플래그(flag) 변수로 임계 영역에 진입하고 싶다고 표시
    turn = process;         // 턴(turn) 변수로 다음은 나의 차례라는 것을 설정
    while (flag[other] && turn == process) {
        // 다른 프로세스가 임계 영역에 진입하고 싶어 하고,
        // 현재 차례가 자신이면 대기
    }
}

void leave_region(int process) { // 프로세스(process)는 0 또는 1
    flag[process] = false; // 플래그(flag) 변수로 임계 영역을 떠났음을 표시
}
```

그러나 이 알고리즘은 버스의 성능 저하 같은 문제 때문에 실제 시스템에서는 잘 사용하지 않습니다. 하지만 상호 배제의 기본 원리이니 이해하고 넘어갈 필요가 있습니다.

12.3.2 피터슨 알고리즘

피터슨 알고리즘(Peterson's algrithm)은 두 프로세스 간 상호 배제를 보장하기 위해 설계 된 소프트웨어 기반 알고리즘입니다. 이 알고리즘 역시 플래그와 턴 변수를 사용합니다.

예를 들어, 프로세스 A와 프로세스 B가 있다고 가정해 봅시다. 프로세스 A는 자신의 플래그 변수를 true로 설정하여 임계 영역에 들어가려는 의사를 표시하는데, 이 과정을 자세히 정리하면 다음과 같습니다. 참고로 데커 알고리즘과 유사하니 비교하면서 봐도 좋습니다.

❶ 프로세스 A가 임계 영역에 진입하려고 할 때, A는 자신의 플래그를 true로 설정하고 턴을 프로세스 B로 설정합니다.

❷ 이후 프로세스 A는 프로세스 B의 플래그와 턴 변수를 확인합니다. 만약 프로세스 B도 임계 영역에 진입하려고 한다면(프로세스 B의 플래그가 true라면), 프로세스 A는 턴이 자신으로 바뀔 때까지 기다립니다.

❸ 프로세스 B에 대해서도 같은 방식으로 작동합니다.

❹ 임계 영역에서 작업을 마친 프로세스는 자신의 플래그를 false로 설정하여 임계 영역에서 나왔음을 나타냅니다.

피터슨 알고리즘을 C언어로 구현한 예시는 다음과 같습니다. 코드는 참고로만 봐 주세요.

코드

```
# 변수 정의
flag = [False, False]  // 플래그(flag) 변수로 임계 영역에 진입하려는 의사를 표시
turn = 0  // 턴(turn) 변수로 어느 프로세스의 차례인지 표시

// 프로세스 0
flag[0] = True // 플래그(flag) 변수로 프로세스 0이 임계 영역에 들어가고 싶다고 표시
turn = 1  // 프로세스 0이 차례를 프로세스 1에게 넘김
while flag[1] and turn == 1:  // 프로세스 1은 대기

// 임계 영역
flag[0] = False  // 프로세스 0이 임계 영역을 나옴

// 프로세스 1
flag[1] = True  // 프로세스 1이 임계 영역에 들어가고 싶다고 표시
turn = 0  // 프로세스 1이 차례를 프로세스 0에게 넘김
while flag[0] and turn == 0:  // 프로세스 0은 대기
```

피터슨 알고리즘은 상호 배제를 이해하는 데 유용하지만, 데커 알고리즘과 마찬가지로 실제 시스템에서는 잘 사용하지 않습니다.

12.3.3 램포트 베이커리 알고리즘

램포트 베이커리 알고리즘(Lamport's bakery algorithm)은 번호표 시스템과 유사하게 작동합니다.

각 프로세스에 번호를 부여하고 가장 낮은 번호를 가진 프로세스가 임계 영역에 먼저 진입하게 합니다. 장점은 공정성을 보장하고, 무한한 수의 프로세스가 임계 영역에 접근하는 상황에서도 사용될 수 있다는 점입니다. 또한, 비교적 이해하기 쉽고 간단하게 구현할 수 있습니다.

그러나 이러한 장점에도 불구하고 성능상 이유로 더 효율적인 동기화 기법(**예** 세마포어, 뮤텍스)이 선호됩니다.

정리하면, 경쟁 조건을 해결하기 위한 알고리즘 기반의 상호 배제 방법은 효율성이 떨어지기 때문에 잘 사용하지 않고, 실제로는 다음에 배울 동기화 기법을 사용합니다.

다음 절에서 프로세스 동기화 기법에 대해 자세히 알아보겠습니다.

12.4 SECTION 프로세스 경쟁 조건 해결 방법: 동기화 기법

지금부터 알아볼 프로세스 동기화 기법은 다중 프로세스(스레드) 환경에서 데이터의 일관성을 유지하고 임계 영역 문제를 해결하기 위해 사용하는 기술입니다.

대표적인 동기화 기법으로는 뮤텍스, 세마포어, 모니터가 있습니다.

12.4.1 뮤텍스

뮤텍스(Mutual Exclusion Object, Mutex)는 다중 스레드 프로그래밍에서 동기화를 위해 사용합니다. 임계 영역 접근을 제어하기 위해 락(lock)을 사용하는데, 한 번에 한 스레드만 임계 영역에 접근할 수 있도록 보장함으로써 데이터의 일관성과 무결성을 유지할 수 있습니다.

▼ **그림 12-5** 뮤텍스

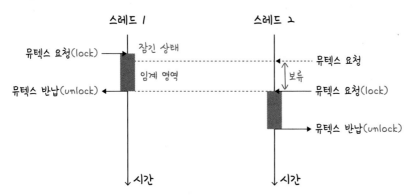

뮤텍스의 동작 방식은 다음과 같습니다.

❶ 스레드가 임계 영역에 들어가기 전에 뮤텍스를 '잠그는(lock)' 동작을 수행합니다. 이때 뮤텍스가 이미 다른 스레드에 의해 잠겨 있으면 해당 스레드는 뮤텍스가 '풀릴 때(unlock)'까지 대기합니다.

❷ 뮤텍스를 성공적으로 잠갔다면 스레드는 임계 영역에 진입하여 공유 자원을 수정할 수 있습니다.

❸ 임계 영역의 작업을 마친 후, 스레드는 뮤텍스를 '해제(unlock)'하여 다른 스레드가 임계 영역에 접근할 수 있도록 합니다.

이를 코드로 구현하면 다음과 같습니다. 다음 예시처럼 락을 획득(lock.acquire()를 호출)함으로써 임계 영역에 접근하고, 작업이 완료된 후에는 락을 반납(lock.release()를 호출)합니다.

```python
import threading
import time

// 공유 자원
counter = 0
lock = threading.Lock()  // 뮤텍스 생성

def increment_counter(thread_id):  // 카운터를 증가시키는 함수
    global counter
    for _ in range(3):
        lock.acquire()  // 임계 영역에 진입하기 전에 락(lock)을 획득
        local_counter = counter
        local_counter += 1
        time.sleep(1)  // 처리 시간을 시뮬레이션하기 위해 잠시 대기
        counter = local_counter
        print(f"Thread {thread_id}: counter value is {counter}")
        lock.release()  // 임계 영역 작업 완료 후 락(lock)을 해제

// 스레드 생성 및 실행
threads = []
for i in range(2):
    thread = threading.Thread(target=increment_counter, args=(i,))
    threads.append(thread)
    thread.start()

// 모든 스레드가 완료될 때까지 대기
for thread in threads:
    thread.join()
print(f"Final counter value: {counter}")
```

뮤텍스는 공유 자원에 접근하는 것을 제어하여 데이터 무결성을 유지하거나, 여러 스레드가 특정 순서로 작업을 수행해야 할 때 사용하면 유용합니다.

12.4.2 세마포어

세마포어(semaphore)는 다중 프로세스(스레드)가 공유 자원에 접근할 때 상호 배제 (mutual exclusion)와 동기화(synchronization)를 제공하는 데 사용합니다.

▼ **그림 12-6** 세마포어

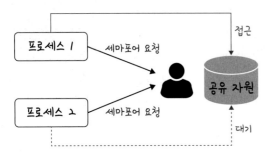

wait() 연산(P 연산)

공용 화장실을 사용하는 예를 들어 보겠습니다. 공용 화장실을 사용하려면 열쇠가 필요합니다. 열쇠가 있다면 화장실을 사용할 수 있으나, 열쇠가 없다면 열쇠가 돌아올 때까지 기다려야 합니다.

이 원리를 세마포어에 적용하면, wait() 연산은 세마포어(열쇠)를 '획득하는' 행위입니다.

- 세마포어(열쇠)를 사용할 수 있으면(값이 0보다 크면) 값을 감소시키고(열쇠를 획득하고) 임계 영역(화장실)에 들어갑니다.
- 세마포어(열쇠)를 사용할 수 없으면(열쇠가 없으면) 사용할 수 있을 때까지 대기합니다.

signal() 연산(V 연산)

역시 공용 화장실로 예를 들어 설명하겠습니다. 화장실을 다 사용했다면 열쇠를 반납해야 다른 사람도 사용할 수 있겠지요.

이를 세마포어에 적용하면, signal() 연산은 세마포어(열쇠)를 '반환하는' 행위입니다. 임계 영역(화장실)의 작업을 마치면 세마포어의 값을 증가시킵니다(열쇠를 돌려놓습니다). 이로 인해 다른 스레드나 프로세스가 임계 영역에 접근할 수 있게 됩니다.

정리하면, 세마포어의 동작 과정은 다음과 같습니다.

❶ 프로세스 1이 공유 메모리를 점유한 상태에서

❷ 프로세스 2는 공유 메모리에 접근할 수 없습니다. 프로세스 1의 작업이 끝나면,

❸ 프로세스 1은 잠금을 해제하겠다고 세마포어에 알리기 위해 세마포어의 값을 증가시킵니다. 증가된 숫자를 프로세스 2가 확인하면,

❹ 프로세스 2는 세마포어 값을 감소시킴으로써 다른 프로세스가 접근하는 것을 막습니다.

▼ **그림 12-7** 세마포어 동작 과정

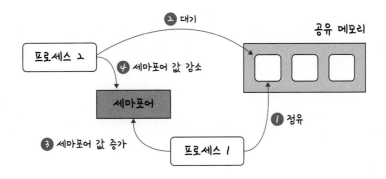

이를 코드로 구현하면 다음과 같습니다. wait()에서는 세마포어 값을 감소시키고, signal()에서는 세마포어 값을 증가시킵니다. 이를 통해 다른 프로세스가 공유 자원에 접근할 수 있게 됩니다.

▼ **그림 12-8** 세마포어 코드 구현

Wait:
```
wait(s) {
  while s <= 0
    ; //
  S--; // 세마포어 값 감소
}
```

Signal:
```
signal(s) {
  S++; // 세마포어 값 증가
}
```

세마포어는 다음과 같이 크게 두 종류로 나뉩니다.

- **바이너리 세마포어**(binary semaphore): 값이 0 또는 1만 가질 수 있으며 주로 하나의 공유 자원에 대한 접근을 제어합니다.

- **카운팅 세마포어**(counting semaphore): 여러 프로세스(또는 스레드)가 공유 자원에 동시에 접근하는 것을 조절할 때 사용합니다. 한정된 수의 데이터베이스나 네트워크를 연결할 때처럼 제한된 수의 공유 자원에 대한 접근을 제어하는 데 사용합니다.

세마포어와 뮤텍스가 유사해 보이지만, 둘의 차이는 명확합니다. 뮤텍스는 락(lock)이라는 개념을 기반으로, 한 번에 한 스레드만 임계 영역에 접근할 수 있지만 세마포어는 카운터를 기반으로 하는 더 일반적인 동기화 메커니즘으로 제한된 수의 자원을 여러 스레드가 접근하는 것을 제어할 수 있습니다.

정리하면, 뮤텍스는 단일 자원에 대한 동기화 기법이고, 세마포어는 동시에 여러 자원에 대한 접근을 제어할 수 있는 더 일반적인 동기화 기법입니다.

12.4.3 모니터

모니터(monitor)는 멀티스레딩 환경에서 공유 자원에 대한 접근을 안전하게 관리하기 위한 동기화 기법입니다. 임계 영역의 코드를 실행하기 위한 규칙과 조건을 제공하여, 한 번에 한 스레드만 공유 자원에 접근할 수 있도록 합니다.

모니터를 이해하려면 '대기 세트'와 '엔트리 세트'에 대한 개념을 이해해야 합니다.

- **대기 세트**(wait set): 스레드가 모니터 내 특정 조건(■ 공유 자원을 사용할 수 있는 상태)이 충족될 때까지 기다려야 할 때, 이 스레드는 대기 세트에 들어갑니다.
- **엔트리 세트**(entry set): 모니터의 임계 영역에 접근하려고 하는데, 현재 다른 스레드가 임계 영역을 점유해서 대기하고 있는 스레드들의 집합을 의미합니다.

용어가 생소하여 이해하기 어려우니 실생활에서의 예를 들어 보겠습니다.

한 번에 한 사람만 사용할 수 있는 공용 화장실을 가정해 보겠습니다. 만약 누군가 화장실을 사용하고 있다면 다른 사람은 밖에서 기다려야 합니다. 이때 화장실을 사용하는 사람이 '모니터 안에 있는 스레드'이고, 밖에서 기다리는 사람들이 '모니터의 엔트리 세트에 있는 스레드들'입니다.

이번에는 화장실 안에 있는 사람이 휴지가 떨어졌음을 발견하고 휴지가 채워질 때까지 기다려야 한다고 가정해 봅시다. 이 상황에서 화장실 안에 있는 사람은 '대기 세트에 있는 스레드'가 됩니다. 그 사람은 휴지가 채워질 때까지 기다리면서 다른 사람이 화장실을 사용할 수 있도록 해 줍니다. 휴지가 필요하지 않는 사람도 있을 수 있으니까요.

이제 모니터 내부에서 어떤 일이 일어나는지 알아볼까요? 그림 12-9를 참고하세요.

❶ 한 스레드가 모니터를 호출하면, 그 스레드는 모니터 안으로 들어가 자신의 일을 합니다(화장실 사용).

❷ 만약 스레드가 특정 조건(휴지가 떨어짐) 때문에 기다려야 한다면, 그 스레드는 대기하면서 다른 스레드가 들어올 수 있도록 잠금을 해제합니다.

❸ 조건(휴지를 채움)이 충족되면 대기 중이던 스레드는 계속해서 자신의 일을 할 수 있습니다(화장실을 계속 사용).

❹ 스레드가 모든 일을 마치면 모니터를 빠져나와 다른 스레드가 들어올 수 있도록 합니다.

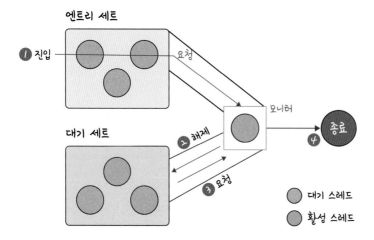

모니터의 가장 대표적인 사례가 생산자–소비자 문제(producer–consumer problem)입니다. 생산자–소비자 문제란 두 종류의 스레드, 즉 '생산자'와 '소비자'가 공유 자원을 사용할 때 발생하는 동기화 문제입니다. 여기서 생산자(producer)는 데이터를 생성하여 저장하는 스레드이고, 소비자(consumer)는 저장된 데이터를 가져와 사용(소비)하는 스레드입니다.

또한, 데이터가 저장된 저장소는 생산자와 소비자가 데이터를 주고받는 공간(저장소)입니다. 이때 저장소 공간은 제한되어 있습니다. 이 상황에서 저장소에 동시에 접근하는 것을 막으려면 동기화 메커니즘이 필요하겠지요? 이 상황을 모니터로 해결하면 다음과 같습니다.

"저장소가 가득 찼을 때는 생산자가 대기하고,

저장소가 비었을 때는 소비자가 대기합니다."

이를 코드로 표현하면 다음과 같습니다. 역시 참고용으로만 봐 주세요.

```
monitor BufferMonitor {
    int count = 0;
    int[] buffer;
```

```
Condition full;
Condition empty;

// 생산자에 의해 호출됨
public synchronized void put(int data) {
    while (count == buffer.length) wait(full);

    // 버퍼(저장소)에 데이터 추가
    buffer[count] = data;
    count++;

    if (count == 1) signal(empty);
}

// 소비자에 의해 호출됨
public synchronized int get() {
    while (count == 0) wait(empty);

    // 버퍼(저장소)에서 데이터 제거
    int data = buffer[count-1];
    count--;

    if (count == buffer.length - 1) signal(full);

    return data;
}
}
```

모니터는 임계 영역에 대한 잠금과 해제를 자동으로 관리해 주는 장점이 있지만, 이 때문에 오버헤드를 발생시킬 수 있으니 주의해야 합니다.

12.5 SECTION / 핵심 요약

1. 임계 영역은 멀티태스킹 환경에서 공유 자원에 대한 접근을 관리하는 것을 말합니다.

2. 프로세스 또는 스레드가 데이터나 자원에 동시에 접근할 때, 그 순서나 타이밍에 따라 실행 결과가 달라질 수 있는 상황을 경쟁 조건이라고 합니다.

3. 뮤텍스는 단일 자원에 대한 동기화 기법입니다.

4. 세마포어는 동시에 여러 자원에 대한 접근을 제어할 수 있는 더 일반적인 동기화 기법입니다.

5. 모니터는 멀티스레딩 환경에서 공유 자원에 대한 접근을 안전하게 관리하기 위한 동기화 기법입니다.

12.6 SECTION / 확인 문제

1. (   )은/는 여러 CPU 코어나 프로세서를 사용하여 동시에 여러 작업을 수행하는 컴퓨팅 방식입니다.

2. 임계 영역 외부에서 대기하는 프로세스(혹은 스레드)가 무한정 대기만 하고 있을 수는 없으니 (   )(이)라는 시간 제한을 둡니다.

3. 데커 알고리즘에서 (   )(이)란 현재 어떤 프로세스가 임계 영역에 접근할 차례인지를 나타내는 변수입니다.

4. 데커 알고리즘에서 각 프로세스가 임계 영역에 진입하려 할 때 플래그를 (   )(으)로 설정합니다.

5. 뮤텍스에서 임계 영역 접근을 제어하기 위해 (   )을/를 사용합니다.

6. 세마포어(열쇠)를 '잡는' 행위를 (   ) 연산이라고 합니다.

7. (   ) 세마포어는 값을 0 또는 1만 가질 수 있으며 뮤텍스와 유사하게 작동합니다.

정답

1. 멀티프로세싱   2. 한계 대기   3. 턴   4. true   5. 락(lock)   6. wait()   7. 바이너리

CPU 스케줄링이란 무엇인가요?

CPU 스케줄링은 CPU를 항상 바쁘게 동작시켜 자원을 낭비하지 않고 최적으로 활용할수 있게 도울 뿐 아니라, 모든 프로세스가 CPU를 공정하게 할당받을 수 있게 합니다.

13.1 / CPU 스케줄링이란?

CPU 스케줄링(CPU scheduling)이란 프로세스의 작업을 수행하기 위해 언제, 어느 프로세스에 CPU를 할당할 것인지 결정하는 작업을 말합니다.

CPU 스케줄링의 원칙은 명확하면서도 간단합니다.

- **공정함(fair)**: 특정 프로세스 실행이 무한정 대기하지 않도록 시한을 보장
- **우선순위(priority)**: 우선순위가 높은 작업에 우선권을 주어 CPU 처리를 극대화

또한, CPU가 적정한 프로세스에 할당된 것인지 평가할 때의 평가 기준도 명확합니다. 참고로 다음 표에서 제시한 항목들을 복합적으로 사용해야 정확하게 측정할 수 있습니다.

▼ 표 13-1 CPU 스케줄링 평가 기준

평가 기준	설명
CPU 사용률(utilization)	CPU가 작업을 수행하는 데 사용하는 시간의 비율 $CPU\ 사용률 = \left(\dfrac{CPU가\ 작업\ 수행에\ 사용한\ 시간}{총\ 시간} \right) \times 100\%$
처리량(throughput)	시스템이 단위 시간당 완료할 수 있는 작업의 양
응답 시간(response time)	시스템이 사용자의 요청에 반응하여 첫 번째 응답을 생성하기 시작하는 데 걸리는 시간
대기 시간(waiting time)	프로세스가 실행되기 위해 CPU를 할당받아 준비 상태에서 대기하는 시간의 총합
처리 시간(turnaround time)	특정 작업(프로세스)이 시작되었을 때부터 그 작업(프로세스)이 완전히 마무리될 때까지 걸리는 시간

다음 절에서는 CPU 스케줄링 유형에 대해 알아보겠습니다.

226

13.2 CPU 스케줄링 알고리즘

SECTION

CPU 스케줄링은 CPU를 할당하는 방식에 따라 선점 스케줄링과 비선점 스케줄링으로 나뉩니다.

▼ **그림 13-1** CPU 스케줄링 알고리즘 유형

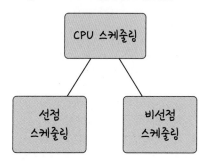

선점 스케줄링(preemptive scheduling)은 우선순위가 높은 작업(프로세스 혹은 스레드)이 나타나면 현재 CPU를 사용하고 있는 프로세스가 강제로 CPU를 뺏기고 대기 상태로 전환되는 방식입니다. 대표적인 예로 라운드 로빈(Round Robin, RR), SRT(Shortest Remaining Time), 다단계 큐(Multi-Level Queue, MLQ), 멀티레벨 피드백 큐(Multi-Level Feedback Queue, MLFQ) 스케줄링이 있습니다.

비선점 스케줄링(non-preemptive scheduling)은 한 번 CPU를 할당받은 프로세스가 실행이 완료될 때까지 CPU를 계속 사용할 수 있는 방식입니다. 대표적인 예로는 FCFS(First Come First Served), SJF(Shortest Job First), HRN(Highest Response Ratio Next) 스케줄링 등이 있습니다.

그럼 각 스케줄링에 대해 더 자세히 살펴볼까요?

13.2.1 선점 스케줄링

먼저 선점 스케줄링 중 라운드 로빈 스케줄링에 대해 알아보겠습니다.

라운드 로빈 스케줄링

라운드 로빈(Round Robin, 이하 RR) 스케줄링은 각 프로세스에 일정한 시간만큼 CPU를 할당합니다. 모든 프로세스가 동일한 양의 CPU 시간을 받으므로 공평한 방식이라고 할 수 있죠.

각 프로세스는 고정된 시간이 할당되며, 프로세스는 순환적인 순서로 처리됩니다. 이때, 프로세스에 주어진 시간이 끝났는데도 처리해야 할 작업을 다 못했다면 다시 CPU 할당을 기다리는 순환 구조입니다.

▼ **그림 13-2** RR 스케줄링

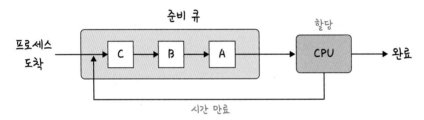

이 방법은 프로세스마다 공정한 시간을 제공하는 것을 목표로 합니다.

SRT 스케줄링

SRT(Shortest Remaining Time) 스케줄링은 대기 중인 프로세스 중 '남은 실행 시간'이 가장 짧은 프로세스에 CPU를 할당하는 방식입니다.

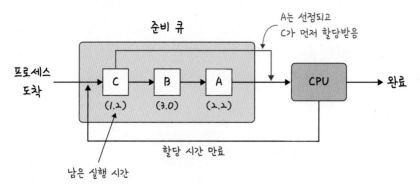

▼**그림 13-3** SRT 스케줄링

이 알고리즘의 동작 방식을 상세히 살펴보겠습니다.

❶ 새로운 프로세스가 도착하면 그 프로세스의 남은 실행 시간을 계산합니다.

❷ 준비 큐에 있는 프로세스 중에서 현재 실행 중인 프로세스를 포함하여 가장 짧은 실행 시간을 가진 프로세스에 CPU를 할당합니다.

❸ 만약 새로운 프로세스가 도착하고 현재 실행 중인 프로세스보다 남은 실행 시간이 더 짧으면 현재 프로세스는 중단되고 CPU는 새 프로세스에 할당되는 '선점'이 발생합니다.

❹ 선점이 발생하면 운영체제는 문맥 교환으로 CPU 자원을 현재 프로세스에서 새 프로세스로 교체합니다.

❺ 선점된 프로세스는 다시 준비 큐로 이동하여 남은 실행 시간을 기준으로 다음 CPU 할당을 기다립니다.

❻ 프로세스 실행이 완료되면 그 프로세스는 제거됩니다.

이 방식의 장점은 짧게 대기하는 프로세스를 먼저 처리함으로써 평균 대기 시간을 최소화할 수 있다는 것입니다. 하지만 프로세스의 남은 실행 시간을 정확히 예측하기 어려운 경우가 많고, 작업 시간이 긴 프로세스는 CPU를 할당받기 어렵다는 단점이 있습니다.

다단계 큐 스케줄링

다단계 큐(Multi-Level Queue, 이하 MLQ) 스케줄링은 복잡한 컴퓨팅 환경에서 다양한 종류의 프로세스 요구 사항을 충족하기 위해 고안된 CPU 스케줄링 방식입니다. 이 방식은 준비 상태의 프로세스들을 여러 큐로 분류하고 각 큐에 다른 스케줄링을 적용합니다.

▼ **그림 13-4** MLQ 스케줄링

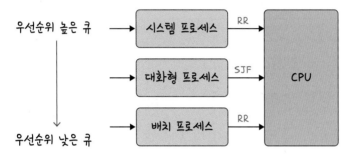

MLQ의 동작 과정은 다음과 같습니다.

❶ 시스템은 여러 큐를 설정합니다. 각 큐에는 고유한 우선순위가 부여됩니다. 예를 들어, 시스템 프로세스, 대화형 프로세스, 배치 프로세스 등을 위한 별도의 큐가 설정될 수 있습니다.

❷ 시스템에 도착하는 각 프로세스는 특정 기준(例 프로세스 유형, 우선순위, 메모리 요구 사항 등)에 따라 적절한 큐에 할당됩니다. 프로세스는 생성 시점에 분류되어 해당 큐에 머무릅니다.

❸ 각 큐는 고유한 스케줄링 알고리즘을 사용하여 큐 내 프로세스들을 스케줄링합니다. 예를 들어, 최상위 큐는 선점형 스케줄링 RR을 사용하고, 그다음 큐는 비선점형 스케줄링 SJF를 사용할 수 있습니다.

❹ 각 큐는 우선순위가 고정되기 때문에 보통 우선순위 높은 큐가 우선순위 낮은 큐보다 먼저 CPU 시간을 할당받습니다. 따라서 상위 큐가 비어 있지 않는 한, 하위 큐의 프로세스는 CPU를 할당받기 어려울 수 있습니다.

❺ 할당된 시간 동안 프로세스는 CPU를 사용합니다. 선점형 스케줄링을 사용하는 큐에서는 실행 중인 프로세스가 다른 프로세스에 의해 선점될 수 있습니다.

❻ 프로세스가 작업을 완료하거나 입출력 요청 등으로 대기 상태가 되면 CPU는 다음 프로세스에 할당됩니다.

멀티레벨 피드백 큐 스케줄링

멀티레벨 피드백 큐(Multi-Level Feedback Queue, 이하 MLFQ) 스케줄링은 MLQ 스케줄링이 확장된 형태로, 프로세스가 다른 큐 사이를 이동할 수 있습니다.

이 스케줄링 방식은 프로세스의 우선순위를 동적으로 변경함으로써 낮은 우선순위 큐에 있는 프로세스가 CPU를 할당받지 못하는 현상을 방지할 수 있습니다.

▼ 그림 13-5 MLFQ 스케줄링

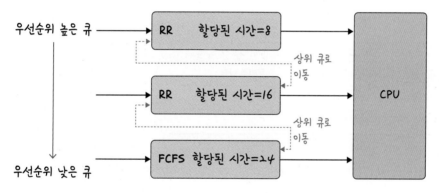

MLFQ 스케줄링의 작동 방식은 다음과 같습니다.

❶ 시스템은 여러 큐를 초기화하고 각 큐에 우선순위를 할당합니다. 가장 높은 우선순위를 가진 큐는 최상위에 위치합니다.

❷ 각 큐에 특정한 시간을 할당합니다. 상위 큐로 갈수록 시간이 짧고, 하위 큐로 갈수록 시간이 깁니다.

❸ 프로세스가 CPU를 할당받고, 할당된 시간 동안 실행됩니다. 이때 CPU를 할당받기 위한 우선순위 조정은 다음과 같습니다.

- 프로세스가 할당된 시간 전에 입출력과 같은 다른 작업 요청이 들어오면, CPU 자원을 빼앗기게 됩니다. CPU 자원을 빼앗긴 프로세스는 같은 큐에 남거나 우선순위가 높은 큐로 이동합니다.
- 프로세스가 할당된 시간을 모두 사용하고도 더 많은 CPU 시간이 필요하면, 그 프로세스는 우선순위가 한 단계 낮은 큐로 이동합니다.
- 새로운 프로세스는 가장 높은 우선순위를 가진 큐로 배치됩니다.

❹ 하위 큐에서 오랜 시간을 보낸 프로세스는 점차 우선순위가 증가하여 상위 큐로 이동합니다. 이를 통해 기아 현상[1]을 방지할 수 있습니다.

❺ 위 과정이 반복되며, 시스템은 모든 큐를 지속적으로 감시하고 프로세스의 상태에 따라 동적으로 스케줄링을 조정합니다.

MLQ와 MLFQ가 유사해 보일 수 있는데, 둘의 차이는 다음 표와 같습니다.

▼ 표 13-2 MLQ와 MLFQ 차이점

구분	MLQ	MLFQ
대기 큐 시간 할당	모든 큐가 동일	큐별로 다름
우선순위	작업 종류별로 결정	큐 순서별로 결정
큐 간 이동	없음	있음

지금까지 선점 스케줄링에 대해 알아봤습니다. 다음으로 비선점 스케줄링에 대해 알아보겠습니다.

13.2.2 비선점 스케줄링

비선점 스케줄링에는 FCFS, SJF, HRN 스케줄링 등이 있습니다.

---

1 프로세스가 CPU를 할당받지 못하고 계속 대기하는 상태

FCFS 스케줄링

FCFS(First Come First Served) 스케줄링은 가장 간단한 비선점형 CPU 스케줄링 방식입니다.

이 방식은 '식당에서 줄을 서는(queueing)' 논리와 유사하게 처음 도착한 프로세스에 CPU를 할당합니다. 프로세스는 도착한 순서대로 준비 큐에 배치되며, CPU는 준비 큐의 맨 앞에 있는 프로세스에 할당됩니다. CPU가 한 번 할당되면 프로세스가 종료되거나 대기 상태(waiting state)로 전환될 때까지 CPU를 사용할 수 있습니다.

▼ **그림 13-6** FCFS 스케줄링

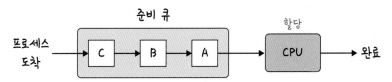

FCFS 스케줄링은 모든 프로세스를 큐에 도착한 순서대로 처리하기 때문에 먼저 온 프로세스가 먼저 CPU를 사용합니다. 또한 한 번 CPU를 할당받으면 프로세스가 종료되거나 대기 상태가 될 때까지 CPU를 계속 사용합니다. FCFS 스케줄링은 구현하기 쉽다는 장점이 있습니다.

하지만 실행 시간이 긴 프로세스가 CPU를 먼저 점유할 경우, 뒤에 도착한 실행 시간이 짧은 프로세스가 오래 대기해야 하는 상황이 발생할 수 있습니다. 이를 '병목 현상(bottleneck)' 또는 '콘보이 효과(convoy effect)'라고 합니다.

그래서 FCFS는 배치 처리 시스템[2]이나 작업 길이가 거의 비슷하고 사용자와 상호 작용이 필요하지 않은 환경에 적합합니다. 일반적으로 멀티프로그래밍 환경이나 실시간 시스템에는 선호하지 않는 방식입니다.

---

2 일련의 작업을 모아서 한 번에 처리하는 컴퓨터 시스템

SJF 스케줄링

SJF(Shortest Job First) 스케줄링은 남은 실행 시간이 가장 짧은 프로세스부터 처리하는 CPU 스케줄링 방식입니다. 이 방식은 '짧은 작업 우선'이라고도 부르며, 프로세스가 한 번 CPU를 점유하면 그 작업이 완료될 때까지 CPU를 계속 사용합니다.

▼ **그림 13-7** SJF 스케줄링

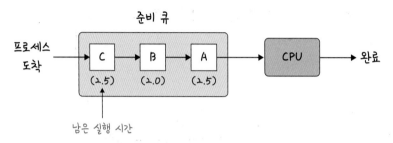

SJF 스케줄링의 작동 방식은 다음과 같습니다.

❶ 프로세스가 시스템에 도착하면 각 프로세스의 남은 실행 시간을 예상해서 준비 큐에 함께 기록합니다.

❷ CPU를 사용할 수 있게 되면 준비 큐에 있는 프로세스 중 예상한 남은 실행 시간이 가장 짧은 프로세스가 CPU를 할당받습니다.

❸ 선택된 프로세스는 작업이 완료될 때까지 CPU를 사용합니다. 이 프로세스가 CPU를 점유하는 동안에는 다른 프로세스가 CPU를 빼앗을 수 없습니다.

❹ 프로세스가 CPU 작업을 완료하면 프로세스는 시스템에서 제거됩니다. 그러면 CPU는 다시 준비 큐에서 다음으로 남은 실행 시간이 짧은 프로세스에 할당됩니다.

SJF 스케줄링은 간단하면서 효율적인 스케줄링 방식이지만 남은 실행 시간이 긴 프로세스는 계속해서 대기하는 기아 상태에 빠질 수 있습니다. 최악의 경우 CPU를 전혀 할당받지 못할 수도 있죠.

따라서 SJF 스케줄링은 남은 실행 시간을 예측할 수 있거나, 평균 대기 시간을 매우 중요하게 여기는 시스템에 유용합니다. 그러나 실시간 시스템이나 사용자 대화형 시스템(예 사용자가 마우스 클릭, 키보드 입력 등을 통해 상호 작용)에는 적합하지 않을 수 있습니다.

HRN 스케줄링

HRN(Highest Response ratio Next) 스케줄링은 각 프로세스의 대기 시간과 서비스 시간을 모두 고려하여 우선순위를 결정합니다. 이 알고리즘은 공평성을 제공하고 기아 현상을 방지하기 위해 응답률(response ratio)이라는 개념을 사용하여 우선순위를 계산합니다. 응답률은 다음과 같은 식으로 계산합니다.

$$응답률 = \frac{대기\ 시간\ +\ 서비스\ 시간}{서비스\ 시간}$$

이때 대기 시간(waiting time)은 프로세스가 준비 큐에서 대기한 시간을, 서비스 시간(service time, 버스트 시간(burst time)이라고도 합니다)은 프로세스가 CPU 작업을 완료하는 데 필요한 시간을 의미합니다.

▼ **그림 13-8** HRN 스케줄링

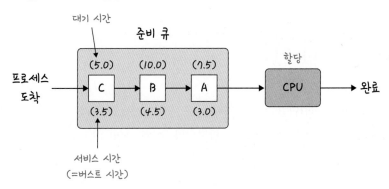

HRN 스케줄링의 작동 방식은 다음과 같습니다.

❶ 시스템은 준비 큐에 있는 각 프로세스에 대해 응답률을 계산합니다. 응답률은 프로세스가 준비 큐에서 대기한 시간과 프로세스에 필요한 서비스 시간을 합한 값에 서비스 시간을 나눈 값입니다.

❷ 계산된 응답률이 가장 높은 프로세스가 다음으로 CPU를 할당받습니다. 이는 대기 시간이 길거나 서비스 시간이 짧은 프로세스에 유리합니다.

❸ 선택된 프로세스는 CPU를 할당받습니다. HRN은 비선점형 스케줄링이기 때문에 한 번 CPU를 할당받으면 서비스가 완료될 때까지 CPU를 계속 점유합니다.

❹ 현재 프로세스가 처리를 완료하면 시스템은 준비 큐에 있는 다음 프로세스에 대해 응답률을 다시 계산하고 가장 높은 응답률을 가진 프로세스에 CPU를 할당합니다.

HRN 스케줄링은 대기 시간을 고려하기 때문에 오래 기다린 프로세스는 자동으로 우선순위가 증가하여 기아 현상을 방지할 수 있습니다. 하지만 응답률을 계산하기 위해서 각 프로세스의 서비스 시간과 대기 시간을 계속 계산해야 하는 단점이 있습니다.

따라서 HRN 스케줄링은 서비스 시간이 서로 다르고, 프로세스의 대기 시간이 길어질 수 있는 시스템에 유용합니다.

13.3 우선순위 역전
SECTION

우선순위 역전(priority inversion)이란 우선순위가 높은 작업이 우선순위가 낮은 작업에 의해 CPU를 점유당해 실행되지 못하는 상태를 말합니다. 이때 작업(task)이란 프로그램이나 시스템이 수행해야 하는 작업이나 프로세스를 의미합니다.

다음 예시를 통해 자세히 알아볼까요?

▼ **그림 13-9** 우선순위 역전

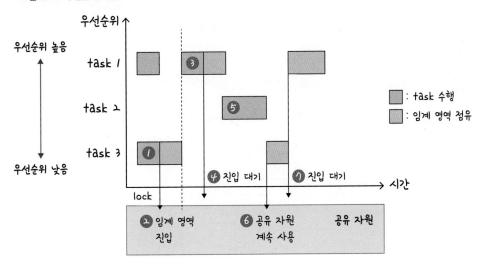

그림의 실행 순서를 설명하면 다음 표와 같습니다.

▼ **표 13-3** 우선순위 역전

단계	절차	작업	설명
❶	스케줄링 수행	task 3	스케줄러에 의해 task 3이 수행
❷	임계 영역 진입	task 3	task 3이 공유 자원에 접근하기 위해 세마포어 획득
❸	스케줄링 수행	task 1	세마포어와 관련 없는 task 1이 task 3보다 우선순위가 높아 스케줄러에 의해 실행
❹	임계 영역 대기	task 1	task 1은 task 3이 갖고 있는 세마포어를 획득하기 위해 대기
❺	스케줄링 수행	task 2	세마포어와 관련 없는 task 2가 task 3보다 우선순위가 높아 스케줄러에 의해 실행
❻	임계 영역 사용	task 3	task 2에 의해 작업이 밀렸지만, 공유자원 계속 사용
❼	임계 영역 진입	task 1	우선순위가 가장 높은 task 1이 결국 가장 늦게 수행되면서 우선순위 역전 현상 발생

❺번과 같이 task 1의 우선순위가 더 높았으나 task 2가 먼저 수행되는 것을 우선순위 역전이라고 합니다.

우선순위 역전 현상을 해결하는 데는 '우선순위 상속'과 '우선순위 상한' 방법이 있습니다.

우선순위 상속

우선순위 상속(priority inheritance)은 낮은 우선순위를 갖는 작업이 높은 우선순위를 갖는 작업으로부터 우선순위를 '상속'받는 기법입니다.

다음 예시를 통해 자세히 알아보겠습니다.

▼ **그림 13-10** 우선순위 상속

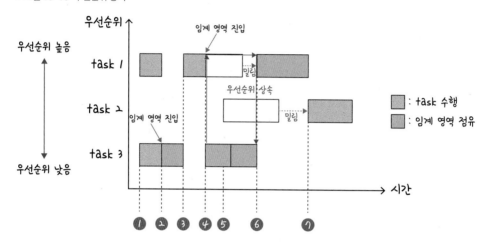

그림 속 단계를 설명하면 다음과 같습니다.

▼ **표 13-4** 우선순위 상속 설명

단계	절차	작업	설명
❶	스케줄링 수행	task 3	스케줄러에 의해 task 3이 수행
❷	임계 영역 진입	task 3	task 3이 공유 자원에 접근하기 위해 세마포어 획득
❸	스케줄링 수행	task 1	세마포어와 관련 없는 task 1이 task 3보다 우선순위가 높아 스케줄러에 의해 실행
❹	임계 영역 진입	task 1	task 1은 task 3이 갖고 있는 세마포어를 획득하려고 시도하지만, task 3이 세마포어를 반환할 때까지 대기
❺	우선순위 상속	task 3	task 3의 우선순위를 task 1의 레벨로 높임
❻	세마포어 반납, 임계 영역 진입	task 1, task 3	task 3은 세마포어를 반납하고, task 1이 세마포어를 얻음과 동시에 task 3의 우선순위를 예전 값으로 복귀
❼	스케줄링 수행	task 2	스케줄러에 의해 task 2가 수행

정리하면, task 2가 스케줄링에 따라 작업을 수행하려고 할 때, task 3은 이미 task 1의 우선순위를 상속받았기 때문에 task 2가 작업을 진행하지 못했습니다. 그러면서 task 1이 task 2보다 먼저 실행되면서 우선순위 역전 현상이 발생하지 않은 것이죠.

우선순위 상한

우선순위 상한(priority ceiling)은 우선순위가 낮은 작업이, 우선순위가 가장 높은 작업과 같거나 더 높아지게 우선순위를 설정하는 방식입니다.

다음 예시를 통해 자세히 알아보겠습니다.

▼ 그림 13-11 우선순위 상한

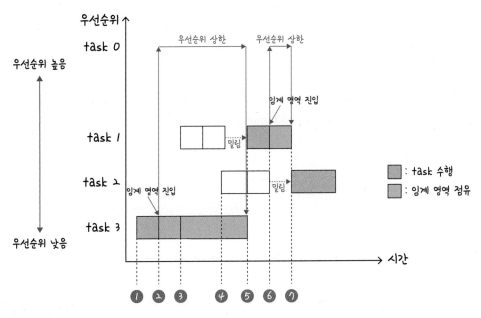

그림 속 단계를 설명하면 다음과 같습니다.

▼ **표 13-5** 우선순위 상한 설명

단계	절차	작업	설명
❶	스케줄링 수행	task3	스케줄러에 의해 task 3이 수행
❷	임계 영역 진입 우선순위 상한	task3	task 3이 공유 자원에 접근하기 위해 세마포어 획득하려고 시도하면서, task 3의 우선순위를 최상위인 task 0으로 상승
❸	스케줄링 대기	task1	스케줄러에 의해 task 1이 수행되려 하지만 task 3의 우선순위가 더 높아서 대기
❹	스케줄링 대기	task2	스케줄러에 의해 task 2가 수행되려 하지만 task3의 우선순위가 더 높아서 대기
❺	세마포어 반납, 스케줄링 수행	task 1, task 3	task 3이 세마포어를 반납, 우선순위를 예전 값으로 복귀시킴과 동시에 스케줄러에 의해 task 1이 수행
❻	임계 영역 진입	task 1	task 1이 공유 자원에 접근하기 위해 세마포어 획득하려고 시도하면서, task 1의 우선순위를 최상위인 task 0으로 상승
❼	세마포어 반납, 스케줄링 수행	task 1, task 3	task 1의 세마포어 반납, 우선순위를 예전 값으로 복귀시킴과 동시에 스케줄러에 의해 task 2가 수행

이와 같이 먼저 실행하는 작업이 우선순위를 상한으로 요청한다면 스케줄에 따라 순차적으로 실행되면서 우선순위 역전 현상이 발생하지 않습니다.

13.4 / 핵심 요약
SECTION

1. CPU 스케줄링이란 프로세스의 작업을 수행하기 위해 언제, 어느 프로세스에 CPU를 할당할 것인지 결정하는 작업을 말합니다.

2. 선점 스케줄링은 우선순위가 높은 작업(프로세스 혹은 스레드)이 나타나면 현재 CPU를 사용하고 있는 프로세스가 강제로 CPU를 뺏기고 대기 상태로 전환되는 방식입니다.

3. RR(Round Robin) 스케줄링은 각 프로세스에 일정한 시간만큼 CPU를 할당합니다.

4. SRT(Shortest Remaining Time) 스케줄링은 실행 대기 중인 프로세스 중 '남은 실행 시간'이 가장 짧은 프로세스에 CPU를 할당하는 방식입니다.

5. MLQ(Multi-Level Queue) 스케줄링은 준비 상태의 프로세스들을 여러 큐로 분류하고 각 큐에 다른 스케줄링을 적용합니다.

6. MLFQ(Multi-Level Feedback Queue) 스케줄링은 MLQ 스케줄링이 확장된 형태로, 프로세스가 다른 큐 사이를 이동할 수 있습니다.

7. FCFS(First Come First Served) 스케줄링은 '식당에서 줄을 서는(queueing)' 논리와 유사하게 처음 도착한 프로세스에 CPU를 할당합니다.

8. SJF(Shortest Job First) 스케줄링은 남은 실행 시간이 가장 짧은 프로세스부터 처리하는 CPU 스케줄링 방식입니다.

9. HRN(Highest Response ratio Next) 스케줄링은 각 프로세스의 대기 시간과 서비스 시간을 모두 고려하여 우선순위를 결정합니다.

10. 우선순위 역전이란 우선순위가 높은 작업이 우선순위가 낮은 작업에 의해 CPU를 점유당해 실행되지 못하는 상태를 말합니다.

13.5 / 확인 문제
SECTION

1. (   )은/는 시스템이 단위 시간당 완료할 수 있는 작업의 양을 말합니다.

2. (   )은/는 시스템이 사용자의 요청에 반응하여 첫 번째 응답을 생성하기 시작하는 데 걸리는 시간입니다.

3. 실행 시간이 긴 프로세스가 CPU를 먼저 점유할 경우, 뒤에 도착한 실행 시간이 짧은 프로세스가 오래 대기해야 하는 상황을 (   ) 또는 (   )(이)라고 합니다.

4. (   )은/는 프로세스가 준비 큐에서 대기한 시간과 필요한 서비스 시간을 합한 값에 서비스 시간을 나눈 값입니다.

5. (   )은/는 낮은 우선순위 프로세스가 높은 우선순위 프로세스로부터 우선순위를 '상속'받아 중간 우선순위의 작업보다 높은 우선순위를 갖게 되어 CPU를 할당받을 수 있는 것을 말합니다.

6. (   )은/는 우선순위가 낮은 작업이, 우선순위가 가장 높은 작업과 같거나 더 높아지게 우선순위를 설정하는 방식입니다.

정답

1. 처리량   2. 응답 시간   3. 병목 현상, 콘보이 효과   4. 응답률   5. 우선순위 상속   6. 우선순위 상한

교착상태란 무엇인가요?

교착상태는 여러 프로세스가 서로의 작업이 끝나기를 무한히 기다리는 상황을 말합니다. 교착상태는 언제, 왜 발생하고 이를 해결하는 방법은 무엇인지 알아봅시다.

14.1 / 교착상태란?
SECTION

교착상태(deadlock)는 둘 이상의 프로세스에서 서로 다른 프로세스가 보유하고 있는 자원을 요구하여, 어떠한 프로세스도 자신의 작업을 진행하지 못하고 영원히 기다리는 상태를 말합니다.

▼ **그림 14-1** 교착상태

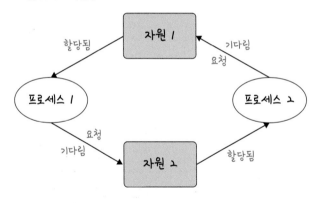

정의에서 살펴봤듯이, 교착상태는 일반적으로 여러 프로세스(또는 스레드)가 서로의 자원을 기다리는 상황에서 발생합니다. 따라서 시스템 내 자원에 대한 경쟁이 이뤄지는 멀티태스킹 환경에서 주로 나타납니다.

어떠한 경우에 교착상태가 일어나는지, 발생 조건을 알아보겠습니다.

14.2 / 교착상태 발생 조건

교착상태가 발생하기 위해서는 일반적으로 다음 네 조건이 동시에 충족되어야 합니다. 이는 교착상태를 설명하는 데 기본이 되는 조건입니다.

상호 배제

상호 배제(mutual exclusion)는 어떤 자원을 여러 프로세스가 동시에 사용할 수 없으며 한 시점에 하나의 프로세스만 사용할 수 있다는 원칙입니다.

예를 들어, 자원 R1과 R2가 있고 이 자원들은 한 번에 한 프로세스만 접근할 수 있다고 가정해 봅시다. 현재 R2는 P2가 사용 중이므로 P1은 접근할 수 없습니다.

▼ **그림 14-2** 상호 배제

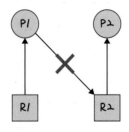

점유와 대기

점유와 대기(hold and wait)는 프로세스가 최소한 하나의 자원을 보유하고 있으면서 동시에 다른 추가 자원을 기다리는 상태입니다. 즉, P1은 할당받은 자원 R1을 보유한 채로, P2에 의해 점유된 R2를 대기하고 있습니다.

▼ **그림 14-3** 점유와 대기

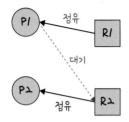

비선점

프로세스가 자원을 얻으면 그 자원은 강제로 빼앗을 수 없습니다. 프로세스가 작업을 완료하고 자발적으로 자원을 해제할 때까지 프로세스는 그 자원을 계속 보유합니다. 이를 비선점(non-preemption)이라고 합니다.

▼ **그림 14-4** 비선점

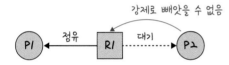

환형 대기

시스템 내에서 대기 중인 프로세스들의 집합이 있다고 가정하겠습니다. 이때 프로세스들은 순환적으로 다음 프로세스가 요청한 자원을 보유하고 있습니다. 이로 인해 환형 구조가 형성되고, 결국 프로세스들은 무한 대기 상태에 빠집니다. 이를 환형 대기(circular wait)라고 합니다.

▼ **그림 14-5** 환형 대기

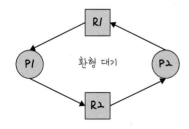

이 네 조건을 모두 동시에 만족해야 교착상태가 발생하므로 쉽게 발생할 수 있는 상황은 아닙니다.

그럼 교착상태 해결 방법도 알아봐야겠죠?

14.3 교착상태 해결 방법

교착상태 해결 방법에는 네 접근법이 있습니다. 교착상태가 발생하지 않게 '예방'하거나 '회피'하고, 주기적으로 체크해 '발견'하며 발견한 교착상태를 '회복'하는 것입니다. 차례대로 자세히 알아보겠습니다.

14.3.1 예방

교착상태가 발생하지 않도록 예방하는 방법(deadlock prevention)입니다. 예방은 간단합니다. 앞에서 살펴봤던 교착상태가 발생하는 네 조건 중 하나 이상이 성립하지 않도록 시스템을 설계하는 것이죠. 즉, 다음과 같이 교착상태 발생 조건을 부정하면 됩니다.

- **상호 배제 부정**: 가능하면 자원을 공유해서 사용합니다. 하지만 이 방법은 모든 자원에 적용할 수 있는 것은 아니기 때문에 구현하는 데 한계가 있습니다.
- **점유와 대기 부정**: 프로세스가 실행을 시작하기 전에 필요한 모든 자원을 한 번에 요청하도록 합니다.
- **비선점 부정**: 프로세스가 어떤 자원을 기다릴 때 이미 할당된 자원을 선점할 수 있도록 합니다.
- **환형 대기 부정**: 모든 자원에 고유한 숫자를 할당하고, 프로세스가 번호 순서대로만 자원을 요청할 수 있도록 합니다.

14.3.2 회피

두 번째는 교착상태가 발생할 수 있는 상황을 회피하는 것입니다. 즉, 시스템이 안전한 상태에서 운영될 수 있도록 자원의 할당을 동적으로 검사하고, 시스템이 안전하다고 판단되는 상태에서만 자원을 할당합니다. 이를 교착상태 회피(deadlock avoidance)라고 합니다.

회피 방법으로는 '은행가 알고리즘'과 'wait-die/wound-wait' 방식이 있습니다.

은행가 알고리즘

은행가 알고리즘(banker's algorithm)은 시스템이 '안전 상태'에 있을 때만 자원을 할당하도록 결정합니다. 이때 안전 상태(safe state)란 모든 프로세스가 요구한 자원을 최종적으로 다 받아서 수행을 완료할 수 있는 상태를 의미합니다.

▼ **그림 14-4** 은행가 알고리즘

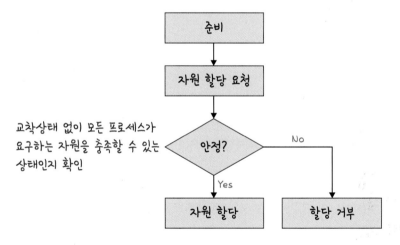

은행가 알고리즘을 설명하기 전에 알아야 할 것이 있습니다. 다음 원리를 먼저 이해해야 하거든요.

자료 구조	설명
가용 자원(available)	시스템에서 현재 사용할 수 있는 자원의 양
최대 자원(max)	각 프로세스가 최대로 필요한 자원의 양
할당 자원(allocation)	현재 각 프로세스에 할당된 자원의 양
잔여 자원(need request)	각 프로세스가 완료하기 위해 추가로 필요한 자원의 양

그럼 구체적인 예시를 들어 보겠습니다.

- 가정 1: P1, P2, P3라는 세 프로세스가 있습니다.

- 가정 2: i) R1, R2, R3라는 세 리소스가 있습니다.

      ii) 각 리소스에는 자원이 5개 있습니다.

각 리소스의 총 자원		
R1	R2	R3
5	5	5

❶ 이 상태에서 프로세스 P1, P2, P3의 자원 R1, R2, R3에 대한 사용은 다음과 같습니다.

프로세스	할당 자원			최대 자원		
	R1	R2	R3	R1	R2	R3
P1	1	2	1	2	2	4
P2	2	0	1	2	1	3
P3	2	2	1	3	4	1
총 할당	5	4	3			

따라서 현재 가용 자원은 다음과 같습니다.

$$\text{가용 자원} = \text{전체 자원} - \text{할당 자원}$$
$$= [5, 5, 5] - [5, 4, 3]$$
$$= [0, 1, 2]$$

❷ 이제 각 프로세스가 추가로 요청한 자원이 다음과 같겠죠? (최대 자원에서 할당 자원을 빼 주면 됩니다.)

프로세스	추가 요청 자원		
	R1	R2	R3
P1	1	0	3
P2	0	1	2
P3	1	2	0

❸ 결국 남아 있는 자원과 프로세스가 요청한 자원을 고려할 때 P2에 자원을 할당하면 프로세스가 안정적으로 작업을 완료할 수 있겠죠?

프로세스	추가 요청 자원		
	R1	R2	R3
P1	1	0	3
P2	0	1	2
P3	1	2	0

가용 자원 [0, 1, 2]
만족

wait-die/wound-wait 방식

wait-die 방식에서는 요청하는 프로세스의 타임스탬프[1]가 자원을 보유하고 있는 프로세스의 타임스탬프보다 오래되었을 경우(즉, 요청 프로세스가 생성된 시간이 더 이르다는 것을 의미하며, 이는 우선순위가 높다고 간주), 자원이 곧 해제될 것이라는 기대로 요청 프로세스를 대기(wait) 상태로 둡니다.

반면에 요청하는 프로세스의 타임스탬프가 자원을 보유하고 있는 프로세스의 타임스탬프보다 새로울(늦게 생성된 것) 경우, 요청 프로세스는 자원을 얻는 데 실패(die)합니다. 즉, 요청 프로세스는 자원 요청을 포기하고 나중에 다시 시도해야 합니다.

---

1 데이터나 이벤트가 생성되거나 기록된 정확한 날짜와 시간을 나타내는 디지털 마크

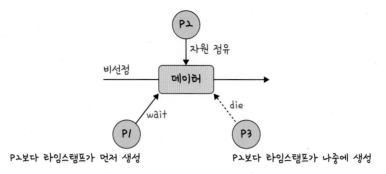

▼ **그림 14-5** wait-die

wound—wait 방식에서는 자원을 요청하는 프로세스의 타임스탬프가 현재 자원을 보유하고 있는 프로세스의 타임스탬프보다 오래되었을 경우, 요청 프로세스가 현재 자원을 빼앗습니다(wound).

반면에 요청 프로세스의 타임스탬프가 더 늦게 생성된 경우, 요청 프로세스는 대기(wait) 상태에 들어갑니다.

▼ **그림 14-6** wound-wait

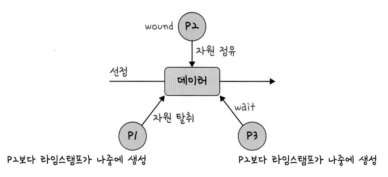

이와 같은 방식으로 교착상태를 회피할 수 있습니다.

14.3.3 발견

시스템 내 프로세스와 자원 할당 상태를 주기적으로 체크하여 교착상태를 파악(발견, 탐지)할 수 있습니다. 교착상태를 파악하기 위해 자원 할당 그래프를 사용하는데요. 자원 할당 그래프(Resource Allocation Graph, RAG)란 운영체제에서 프로세스와 자원 간 할당 상태를 시각화하는 방법입니다. 이 그래프는 프로세스가 어떤 자원을 사용하는지, 어떤 자원을 요청하는지를 가시적으로 보여 주며, 교착상태 발견(탐지)과 예방에 유용하게 사용됩니다.

자원 할당 그래프를 이해하기 위해 먼저 구성 요소를 알아볼까요?

▼ 표 14-2 자원 할당 그래프 구성 요소

구성 요소	유형	표현	개념도
정점	프로세스	원으로 표현	
	자원	사각형으로 표현	
간선	자원 요청	프로세스 P1이 자원 R1을 요청	
	자원 점유(할당)	프로세스 P1이 자원 R1을 점유	

다음으로는 이 그래프를 이용해서 교착상태를 어떻게 찾아내는지 알아볼까요?

먼저 교착상태가 없는 상황입니다. 일반적으로 다음 그림처럼 사이클을 가지고 있지 않으면 교착상태가 아니라고 판단할 수 있습니다.

▼ 그림 14-7 교착상태 아님

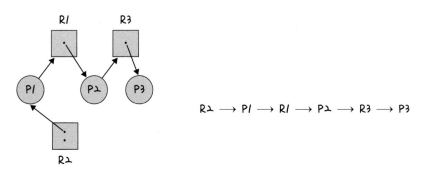

$$R2 \longrightarrow P1 \longrightarrow R1 \longrightarrow P2 \longrightarrow R3 \longrightarrow P3$$

반면에 다음 그림과 같이 자원과 프로세스가 사이클을 갖는 경우는 교착상태라고 판단할
수 있습니다. 다음 그림의 경우, P1에서 시작해서 P1으로 끝나는 사이클을 갖습니다. 앞에
서 살펴봤던 환형 대기와 비슷하죠? 이러한 상태가 나타나면 교착상태로 볼 수 있습니다.

▼ **그림 14-8** 교착상태

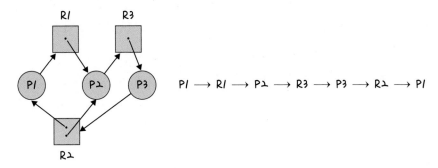

$$P1 \longrightarrow R1 \longrightarrow P2 \longrightarrow R3 \longrightarrow P3 \longrightarrow R2 \longrightarrow P1$$

그렇다면 다음 그림은 교착상태일까요? 아닐까요?

▼ **그림 14-9** 교착상태일까? 아닐까?

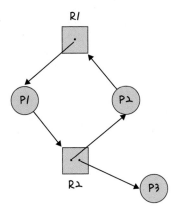

P1 → R2 → P2 → R1으로 사이클이 있는 것 같지만 P2가 작업을 끝낸 뒤 R2를 반납하면
P1이 사용할 수 있으므로, 이 상황에서는 교착상태가 발생하지 않습니다.

이제 마지막으로 교착상태가 발생했을 때 이를 벗어나는(회복하는) 방법도 알아봅시다.

14.3.4 회복

시스템이 교착상태를 발견한 후 해당 상태에서 벗어나 정상적인 상태로 돌아가기 위해 취하는 조치를 교착상태 회복(deadlock recovery)이라고 합니다.

이를 위해 다음 세 가지 방법을 취할 수 있습니다.

- **프로세스 종료**(kill): 교착상태에서 벗어나기 위해 하나 이상의 프로세스를 강제로 종료합니다.
- **프로세스 롤백**(rolling back): 프로세스를 교착상태 이전 특정 시점으로 되돌립니다. 이 방법은 프로세스 상태를 저장해 두는 체크포인트(checkpoint)가 있어야 가능합니다.
- **자원 선점**(resource preemption): 자원을 사용하는 프로세스로부터 자원을 강제로 회수하여 다른 프로세스에 재할당합니다.

지금까지 설명한 예방, 회피, 발견, 회복은 각각 또는 조합하여 사용할 수 있습니다. 예방과 회피 방법은 시스템 자원의 이용률을 감소시킬 수 있고, 발견(탐지)은 시스템 오버헤드를 증가시킬 수 있으므로 실제 시스템에서는 이러한 트레이드오프를 고려하여 설계해야 합니다.

14.4 SECTION / 핵심 요약

1. 교착상태는 둘 이상의 프로세스에서 서로 다른 프로세스가 보유하고 있는 자원을 요구하여, 어떠한 프로세스도 자신의 작업을 진행하지 못하고 영원히 기다리는 상태를 말합니다.
2. 교착상태 예방은 교착상태가 발생하는 네 조건 중 하나 이상이 성립하지 않도록 시스템을 설계하는 방법입니다.
3. 은행가 알고리즘은 시스템이 '안전 상태'에 있을 때만 자원을 할당하도록 결정합니다.

4. wait-die 방식에서는 요청하는 프로세스의 타임스탬프가 자원을 보유하고 있는 프로세스의 타임스탬프보다 오래되었을 경우 자원이 곧 해제될 것이라는 기대로 요청 프로세스는 대기(wait) 상태로 둡니다.

5. wait-die 방식에서는 요청하는 프로세스의 타임스탬프가 자원을 보유하고 있는 프로세스의 타임스탬프보다 새로울 경우, 요청 프로세스는 자원을 얻는 데 실패(die)합니다.

6. wound-wait 방식에서는 자원을 요청하는 프로세스의 타임스탬프가 현재 자원을 보유하고 있는 프로세스의 타임스탬프보다 오래되었을 경우, 요청 프로세스가 현재 자원을 빼앗습니다(wound).

7. wound-wait 방식에서는 요청 프로세스의 타임스탬프가 더 늦게 생성된 경우, 요청 프로세스는 대기(wait) 상태에 들어갑니다.

8. 자원 할당 그래프란 운영체제에서 프로세스와 자원 간 할당 상태를 시각화하는 방법입니다.

14.5 / 확인 문제
SECTION

1. (   )은/는 어떤 자원을 여러 프로세스가 동시에 사용할 수 없으며 한 시점에 하나의 프로세스만 사용할 수 있다는 원칙입니다.

2. (   )은/는 프로세스가 최소한 하나의 자원을 보유하고 있으면서 동시에 다른 추가 자원을 기다리고 있는 상태입니다.

3. (   )은/는 시스템 내에서 대기 중인 프로세스들의 집합이 있을 때, 프로세스들이 순환적으로 다음 프로세스가 요청한 자원을 보유하고 있어 결국 프로세서들이 무한 대기 상태에 빠진 것을 말합니다.

4. 교착상태 (　　　　　)은/는 시스템이 안전한 상태에서 운영될 수 있도록 자원의 할당을 동적으로 검사하고, 시스템이 안전하다고 판단되는 상태에서만 자원을 할당하는 것을 말합니다.

5. (　　　　　)은/는 각 프로세스가 완료하기 위해 추가로 필요한 자원의 양을 말합니다.

6. (　　　　　)은/는 데이터나 이벤트가 생성되거나 기록된 정확한 날짜와 시간을 나타내는 디지털 마크입니다.

7. 교착상태 (　　　　　)은/는 시스템 내 프로세스와 자원 할당 상태를 주기적으로 체크하여 교착상태를 파악(발견, 탐지)하는 것을 말합니다.

8. 교착상태 (　　　　　)은/는 시스템이 교착상태를 발견한 후 해당 상태에서 벗어나 정상적인 작동 상태로 돌아가기 위해 취하는 조치를 말합니다.

정답
1. 상호 배제 2. 점유와 대기 3. 환형 대기 4. 회피 5. 잔여 자원 6. 타임스탬프 7. 발견 8. 회복

운영체제 관점에서
주기억 장치란 무엇인가요?

1부에서는 하드웨어 관점에서 주기억 장치에 대해 알아봤습니다. 여기서는 운영체제가 주기억 장치를 어떻게 관리하는지 소프트웨어 관점에서 알아보겠습니다.

15.1 메모리 할당
SECTION

메모리 할당(memory allocation)이란 주기억 장치에 프로세스를 저장하는 과정으로, 다음과 같이 연속 할당과 불연속 할당이 있습니다.

▼ **그림 15-1** 메모리 할당 방식

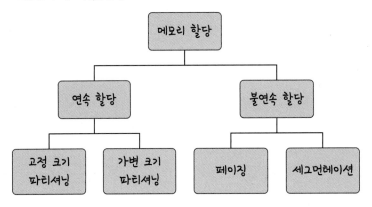

연속 할당(contiguous allocation)은 프로세스가 연속된 메모리 영역에 할당되는 방식입니다. 각 프로세스는 연속적인 메모리 주소 범위 내에 위치하며, 각 프로세스에는 필요한 공간만큼 할당됩니다.

프로세스가 요청한 공간보다 더 큰 메모리가 할당되는 경우, 할당된 공간 중에서 일부는 사용되지 않고 낭비되는 경우도 있는데 이를 단편화라고 합니다. 단편화는 15.3절에서 설명합니다.

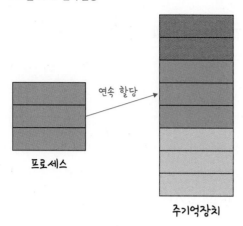

▼ **그림 15-2** 연속 할당

반면에 불연속 할당(non-contiguous allocation)은 프로세스(또는 데이터)를 메모리에 연속된 블록으로 배치하는 대신, 연속되지 않은 여러 메모리 영역에 나누어 할당하는 방식입니다.

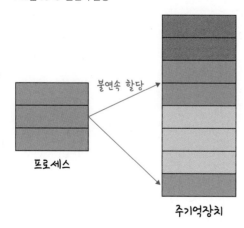

▼ **그림 15-3** 불연속 할당

먼저 연속 할당부터 유형별로 자세히 알아봅시다.

15.1.1 연속 할당 유형

연속 할당에는 고정 크기 파티셔닝과 가변 크기 파티셔닝이 있습니다.

고정 크기 파티셔닝

고정 크기 파티셔닝(fixed-size partitioning)은 메모리를 고정된 크기의 파티션(또는 블록)으로 나누어 각 파티션에 프로세스를 할당하는 방식입니다. 예를 들어, 메모리를 고정된 크기인 10MB씩 나누고 파티션마다 프로세스를 할당합니다. 그런데 잘 생각해 보면 이 방식은 효율적이라고 할 수 없는데요. 모든 프로세스의 크기가 다음 그림처럼 10MB 크기인 것은 아니니까요.

▼ **그림 15-4** 고정 크기 파티셔닝

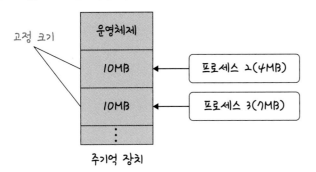

하지만 고정 크기 파티셔닝의 개념은 여전히 일부 임베디드 시스템[1]이나 간단한 시스템에서 메모리를 관리하는 데 유용한 기법이므로 그 원리를 이해할 필요가 있습니다.

가변 크기 파티셔닝

가변 크기 파티셔닝(variable-size partitioning)은 각 파티션의 크기가 유동적으로 조절되는 메모리 할당 방식입니다. 고정 크기 파티셔닝과 달리 메모리를 효율적으로 사용할 수 있는 방법이기는 하지만, 어느 메모리 공간에 프로세스를 저장해야 하는지 결정하기가 복잡할 수 있습니다.

---

1 특정 작업을 하기 위해 사용하는 특별한 기계나 장치

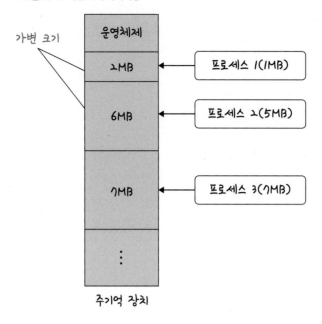

▼ **그림 15-5** 가변 크기 파티셔닝

가변 크기

운영체제

2MB ← 프로세스 1(1MB)

6MB ← 프로세스 2(5MB)

7MB ← 프로세스 3(7MB)

⋮

주기억 장치

15.1.2 불연속 할당 유형

불연속 할당은 한 프로세스를 주기억 장치의 여러 위치에 분산해 저장하는 기법으로, 페이징과 세그먼테이션, 두 유형이 있습니다.

페이징

페이징(paging)은 프로세스의 주소 공간을 페이지라는 동일한 크기의 구획으로 나누고, 주기억 장치도 페이지와 동일한 크기의 프레임이라는 구획으로 나눕니다. 이후 한 페이지를 한 프레임에 적재합니다.

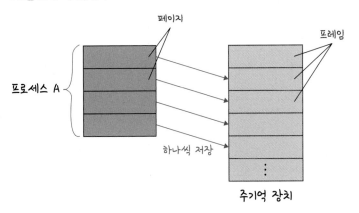

▼ **그림 15-6** 페이징 방식

페이지

프레임

프로세스 A

하나씩 저장

주기억 장치

세그먼테이션

세그먼테이션(segmentation)은 프로세스의 주소 공간을 세그먼트(segment)라는 단위로 나누어 주기억 장치에 적재하는 방법입니다. 프로세스는 일반적으로 코드, 데이터, 스택 등으로 구성되기 때문에 각각을 한 세그먼트로 나눠서 주기억 장치에 적재한다고 이해하면 됩니다. 그리고 세그먼트를 주기억 장치에 할당할 때는 다음 그림과 같이 base 주소와 limit 주소를 이용하여 프로세스가 자신에게 할당된 메모리 영역만 사용하도록 합니다.

▼ **그림 15-7** 세그먼테이션

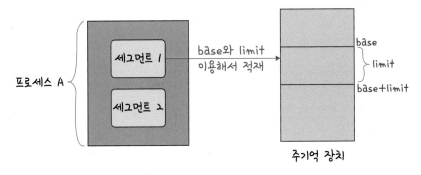

프로세스 A

세그먼트 1

세그먼트 2

base와 limit
이용해서 적재

base

limit

base+limit

주기억 장치

15.2 주소 변환 과정

다음으로 논리주소를 물리주소로 변환하여 주기억 장치에 적재하는 과정을 알아보겠습니다. 컴퓨터 구조에서도 살펴봤지만 여기서는 불연속 할당에 해당하는 페이징과 세그먼테이션을 위주로 살펴보겠습니다.

15.2.1 페이징 주소 변환 과정

한 프로세스는 페이지 단위로 나누어서 주기억 장치의 프레임에 적재되므로 논리주소를 물리주소로 변환해 주는 무엇인가가 필요합니다. 이것이 바로 페이지 테이블입니다.

페이지 테이블

페이지 테이블(page table)은 특정 프로세스의 몇 번째 페이지가 주기억 장치의 몇 번째 프레임에 있는지 알려 주는 주소 변환 정보를 말합니다. 따라서 모든 프로세스에는 각 주소 변환에 대한 페이지 테이블이 있습니다.

이를 사용하는 과정은 다음과 같습니다.

❶ 프로그램이 실행될 때 생성된 논리주소를 페이지 번호(p)와 오프셋(d)으로 변환합니다.

❷ 페이지 테이블에서 페이지 번호(p)를 확인하여 물리주소로 변환합니다.

❸ 물리주소에서 오프셋(d)만큼 떨어진 곳이 실제 주기억 장치 주소입니다.

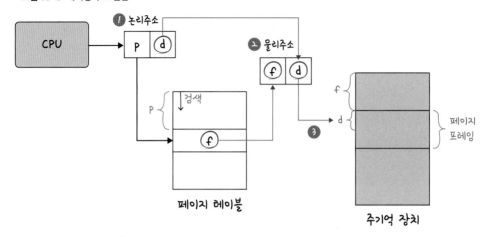

▼ **그림 15-8** 페이징 주소 변환

그런데 페이지 테이블은 어디에 있는 걸까요? 바로 주기억 장치에 위치합니다. 이는 페이지 테이블에 접근하기 위해서는 다음과 같이 주기억 장치에 두 번 왔다갔다해야 한다는 의미입니다.

- 페이지 테이블 정보를 확인할 때
- 주기억 장치 주소를 얻을 때

이런 번거로운 작업을 해결하기 위해 등장한 것이 바로 TLB입니다.

TLB

TLB(Translation Lookaside Buffer)는 논리주소와 물리주소 간 매핑 정보를 가지고 있습니다. 또한 CPU 내부에 위치하기 때문에 주기억 장치에 두 번 왔다갔다하는 번거로운 작업이 없습니다.

하지만 TLB는 가격이 비싸고 용량이 적기 때문에 매핑 정보를 모두 가지고 있지는 않습니다. TLB에서 원하는 정보를 찾으면('TLB 히트'라고 합니다) 바로 원하는 물리주소 얻을 수 있지만, 정보를 찾지 못하면('TLB 미스'라고 합니다) 페이지 테이블을 확인해야 합니다.

▼ **그림 15-9** TLB

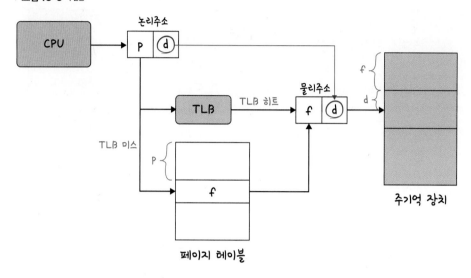

15.2.2 세그먼테이션 주소 변환 과정

세그먼테이션 주소 변환 과정을 알아보기 전에 세그먼트에 대해 다시 확인하겠습니다.

세그먼트는 메모리를 논리적이고 의미 있는 단위로 나눈 것을 말합니다. 프로세스에는 스택, 힙, 데이터, 코드 등이 있잖아요. 따라서 세그먼트도 스택 세그먼트, 힙 세그먼트, 데이터 세그먼트, 코드 세그먼트가 있습니다.

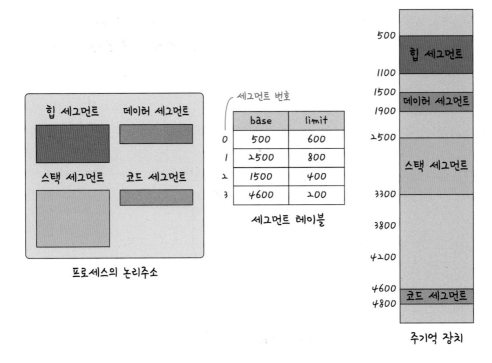

▼ **그림 15-10** 세그먼테이션

세그먼트 번호

	base	limit
0	500	600
1	2500	800
2	1500	400
3	4600	200

세그먼트 테이블

프로세스의 논리주소

주기억 장치

세그먼테이션 주소 변환도 페이지 테이블과 같이 세그먼트 테이블이라는 것을 이용합니다. 세그먼트 테이블(segment table)에는 base 주소와 limit 주소가 있는데, base 주소는 주기억 장치에서 세그먼트의 시작 위치를 의미하며, limit 주소는 세그먼트의 길이를 의미합니다.

방금 알아본 정보를 이용해서 세그먼테이션 주소 변환 과정을 알아보겠습니다.

❶ 논리주소는 세그먼트 번호(s)와 오프셋(d)으로 구성됩니다.

❷ 프로세스마다 세그먼트 테이블이 있기 때문에, 세그먼트 테이블에서 세그먼트 번호와 해당 세그먼트의 base 주소(주기억 장치의 위치)를 매핑합니다.

❸ limit 주소가 오프셋보다 큰지 확인하여 크면 계속 진행하고 작으면 주기억 장치에 논리주소가 없다는 의미이므로 종료합니다.

❹ 세그먼트 테이블에서 얻은 세그먼트의 base 주소는 해당 세그먼트의 시작 위치를 나타냅니다. base 주소와 논리주소 내 오프셋을 합산하여 물리주소를 생성합니다.

▼ **그림 15-11** 세그먼테이션 주소 변환 과정

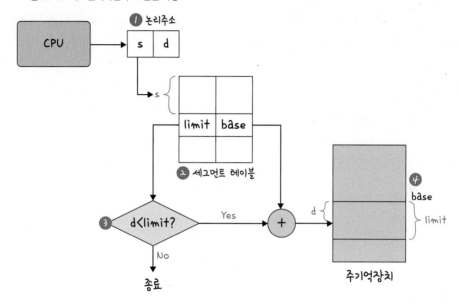

15.3 / 단편화

단편화(fragmentation)는 주기억 장치에서 프로그램에 사용되지 못하고 낭비되는 부분을 의미합니다.

단편화 유형에는 내부 단편화와 외부 단편화가 있습니다. 어떻게 다른지 알아보겠습니다.

15.3.1 단편화 유형

단편화 유형 중 먼저 내부 단편화에 대해 알아보겠습니다.

내부 단편화

내부 단편화(internal fragmentation)는 할당된 메모리 공간 내에 사용되지 않는 부분이 생기는 것을 말합니다. 이는 주로 메모리가 블록이라는 고정된 크기로 나뉘어 있을 때 발생합니다. 프로세스에 필요한 메모리보다 더 큰 블록이 할당되면 남는 부분이 생기고, 이 남는 부분은 다른 곳에는 사용할 수 없기 때문에 낭비되는 공간이 발생하는 것이죠.

▼ **그림 15-12** 내부 단편화

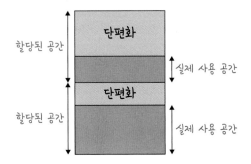

외부 단편화

외부 단편화(external fragmentation)는 메모리의 할당과 해제가 반복됨에 따라 사용되지 않는 작은 크기의 여러 공간이 여기저기 흩어져 있는 것을 말합니다. 메모리에는 여유 공간이 충분한데도 이 공간이 여러 작은 조각으로 나뉘어 있어 크기가 큰 메모리 요청을 충족시킬 수 없을 때 발생합니다.

▼ **그림 15-13** 외부 단편화

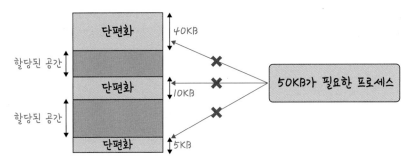

단편화가 발생하면 시스템 응답 속도가 늦어지는 것은 물론 메모리 할당에도 문제가 있기 때문에 반드시 해결해야 합니다. 이어서 단편화 해결 방법에 대해 알아봅시다.

15.3.2 단편화 해결 방법

단편화 문제를 해결하는 데는 '메모리 압축'과 '버디 시스템'이라는 방법이 있습니다. 먼저 메모리 압축에 대해 알아보겠습니다.

메모리 압축

메모리 압축(compaction)은 메모리 내 모든 프로세스를 이동시켜 연속된 빈 공간을 만드는 것입니다. 다음 그림과 같이 사용되지 않는 5K, 3K, 4K 공간을 합쳐서 12K라는 가용 공간을 만드는 것이 메모리 압축 방식입니다.

▼ **그림 15-14** 압축

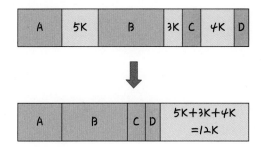

버디 시스템

버디 시스템(buddy system)은 메모리를 연속적인 블록으로 나누고, 각 블록을 요구되는 크기에 맞게 할당 및 병합하는 방식입니다. 이때 블록을 나누기 위해, 전체 메모리를 2의 거듭제곱 단위의 블록으로 나눕니다. 만약 전체 메모리가 16MB라면 8MB, 4MB, 2MB, 1MB 크기의 블록으로 분할합니다. 프로그램이 메모리를 요청하면 버디 시스템은 충분히 큰 블록을 찾아 요청된 크기에 가장 가까운 블록을 할당합니다. 그리고 만약 적당한 크기의 블록이 없다면, 더 큰 블록을 반복해서 두 버디로 분할합니다.

예를 들어, 다음과 같이 전체 128KB 메모리가 있을 때 16KB만큼 할당 요청이 있다면 이를 2의 거듭제곱으로 블록을 나눕니다. 그러다가 16KB까지 분할되면 여기에 할당합니다.

▼ **그림 15-15** 버디 시스템 분할

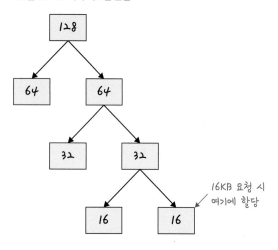

그러다가 메모리 블록이 해제될 때, 해제된 블록의 '버디(분할되기 전 짝이었던 블록)'가 사용 중이지 않다면 두 버디 블록을 다시 합쳐 원래 크기의 블록으로 만듭니다.

▼ **그림 15-16** 버디 시스템

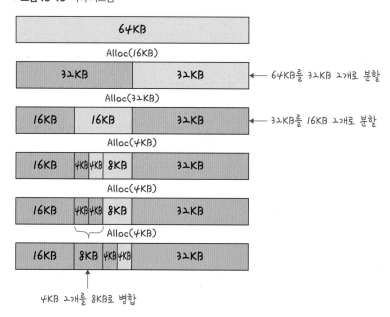

버디 시스템 역시, 할당된 블록이 요청된 메모리 크기보다 클 수 있어 사용되지 않는 공간이 생길 수 있습니다. 또한 복잡한 자료 구조에 기반하여 분할 및 병합하다 보니 관리가 복잡하다는 단점이 있습니다.

15.4 핵심 요약

1. 메모리 할당이란 주기억 장치에 프로세스를 저장하는 과정입니다.

2. 연속 할당은 프로세스가 연속된 메모리 영역에 할당되는 방식입니다.

3. 불연속 할당은 프로세스(또는 데이터)를 메모리에 연속된 블록으로 배치하는 대신, 연속되지 않은 여러 메모리 영역에 나누어 할당하는 방식입니다.

4. 고정 크기 파티셔닝은 메모리를 고정된 크기의 파티션(또는 블록)으로 나누어 각 파티션에 프로세스를 할당하는 방식입니다.

5. 가변 크기 파티셔닝은 각 파티션의 크기가 유동적으로 조절되는 메모리 할당 방식입니다.

6. 세그먼테이션은 프로세스의 주소 공간을 세그먼트라는 단위로 나누어 주기억 장치에 적재하는 방법입니다.

7. TLB(Translation Lookaside Buffer)는 논리주소와 물리주소 간 매핑 정보를 가지고 있습니다.

8. 세그먼트는 메모리를 논리적이고 의미 있는 단위로 나눈 것을 말합니다.

9. 단편화는 주기억 장치에서 프로그램에 사용되지 못하고 낭비되는 부분을 의미합니다.

10. 외부 단편화는 메모리의 할당과 해제가 반복됨에 따라 사용되지 않는 작은 크기의 여러 공간이 여기저기 흩어져 있는 것을 말합니다.

11. 버디 시스템은 메모리를 연속적인 블록으로 나누고, 각 블록을 요구되는 크기에 맞게 할당 및 병합하는 방식입니다.

15.5 / 확인 문제

1. 페이징은 프로세스의 주소 공간을 페이지라는 동일한 크기의 구획으로 나누고, 주기억 장치도 페이지와 동일한 크기의 (   )(이)라는 구획으로 나눕니다.

2. (   )은/는 페이징 주소 변환 과정에서 논리주소를 물리주소로 변환해 주는 역할을 하며, (   )에 위치합니다.

3. (   )은/는 TLB에서 원하는 정보를 찾은 것을 말합니다.

4. 세그먼트 테이블에는 (   ) 주소와 (   ) 주소가 있습니다.

5. (   )은/는 할당된 메모리 공간 내에 사용되지 않는 부분이 생기는 것을 말합니다.

6. (   )은/는 메모리 내 모든 프로세스를 이동시켜 연속된 빈 공간을 만드는 것을 말합니다.

정답

1. 프레임   2. 페이지 테이블, 주기억 장치   3. TLB 히트   4. base, limit   5. 내부 단편화   6. 메모리 압축

CHAPTER

16

가상 메모리란
무엇인가요?

가상 메모리는 주기억 장치보다 큰 메모리 공간을 프로세스에 제공하여 사용 가능한 실제 메모리보다 큰 프로그램을 실행할 수 있게 합니다. 이를 '주기억 장치의 확장'이라고 하며, 이번 장에서 가상 메모리가 어떻게 주기억 장치의 확장으로 사용되는지 알아보겠습니다.

16.1 가상 메모리란?
SECTION

가상 메모리(virtual memory)는 주기억 장치와 보조기억 장치를 함께 사용하여 메모리 용량을 확장하는 기법입니다. 이렇게 확장된 메모리 공간을 스왑 메모리(swap memory)라고 합니다. 즉, 스왑 메모리는 주기억 장치의 한계를 극복하기 위해 보조기억 장치(하드 디스크 또는 SSD) 공간을 메모리로 사용하는 것을 의미합니다.

▼ **그림 16-1** 가상 메모리와 스왑 메모리

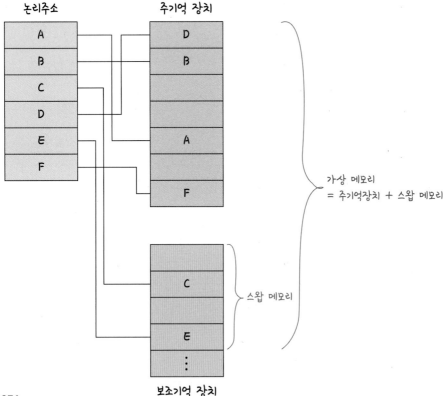

16.2 / 가상 메모리 필요성
SECTION

앞에서 가상 메모리는 보조기억 장치(하드 디스크 또는 SSD) 공간을 마치 메모리처럼 사용하는 기술이라고 설명했습니다.

▼ **그림 16-2** 가상 메모리

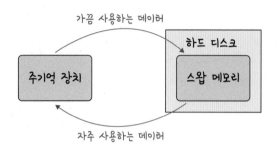

일반적으로 노트북에서 사용할 수 있는 주기억 장치 공간은 16GB에서 256GB까지 다양합니다. 물론 256GB 노트북은 16GB 노트북보다 굉장히 비싸겠죠.

노트북의 주기억 장치 공간은 작업 관리자의 성능 탭에서 확인할 수 있습니다(작업 관리자로 이동하는 방법은 157쪽을 참고하세요).

▼ **그림 16-3** 주기억 장치 공간 확인

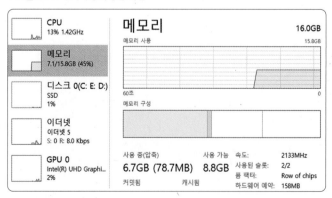

제 노트북은 16GB밖에 안되는데, 문제는 여기서 시작됩니다. 주기억 장치는 휘발성이기는 하지만 프로그램 실행에 필요한 명령어와 데이터가 저장되는데, 공간이 작다 보니 다음과 같은 오류가 뜨면서 프로그램이 동작하지 않는 경우가 종종 있습니다.

▼ **그림 16-4** 메모리 부족 오류

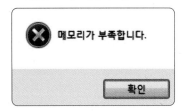

메모리 크기를 늘리는 것도 방법이지만, 비용을 무시할 수 없겠죠? 그래서 등장한 개념이 가상 메모리입니다. 가상 메모리는 하드웨어의 일부를 마치 주기억 장치처럼 사용할 수 있게 하는 기술입니다. 이어서 알아보겠습니다.

16.3 가상 메모리 주소 변환 과정
SECTION

페이지 부재(page fault, 페이지 폴트라고 읽습니다)란 가상 메모리에서 발생하는 상황입니다. 현재 실행 중인 프로세스에 필요한 페이지가 주기억 장치에 없을 때 발생하지요.

예를 들어, 앞에서 배운 페이징 주소 변환을 다시 확인해 볼까요? 다음 그림을 보면 어딘가 좀 이상하죠? 페이지 테이블에서 주소를 찾을 수가 없네요. 이것이 바로 페이지 부재 상황입니다.

▼ **그림 16-5** 페이징 주소 변환

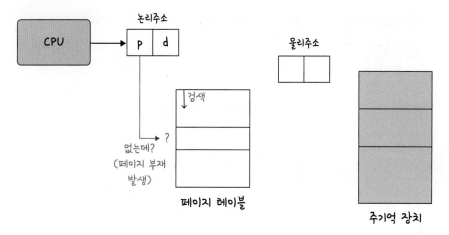

이런 상황에서는 다음과 같이 스왑 메모리 영역까지 확장하여 검색해야 합니다. 그림 16-6과 함께 살펴봐주세요.

❶ 먼저 논리주소를 이용해서 페이지 테이블을 검색합니다.

❷ 원하는 검색 결과가 없다고 운영체제에 전달합니다.

❸ 그러면 운영체제는 해당 페이지가 보조기억 장치(스왑 메모리)에 있는지 확인합니다.

❹ 다행히 페이지를 찾았습니다. 이를 주기억 장치로 가져옵니다.

❺ 해당 페이지 정보를 페이지 테이블에 업데이트합니다.

❻ CPU는 명령어를 재실행합니다.

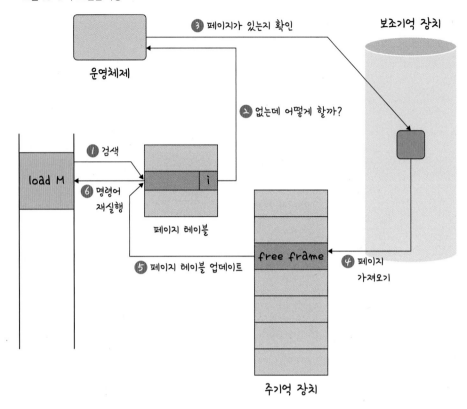

▼ **그림 16-6** 주소 변환 과정

결국 가상 메모리에서의 주소 변환 과정은 논리주소에서 물리주소로 변환하는 과정의 연장입니다. 단지 주기억 장치에서 원하는 페이지를 찾지 못했기 때문에(페이지 부재 발생) 그 검색 대상이 스왑 메모리까지 확장되는 것이죠.

16.4 스왑핑

스왑핑(swapping)은 주기억 장치와 보조기억 장치 간에 데이터 또는 프로세스를 전송하는 메모리 관리 기술입니다. 스왑핑은 주로 다음과 같은 조건에서 발생합니다.

- **주기억 장치 부족**: 현재 실행 중인 프로세스와 데이터가 주기억 장치보다 클 때 메모리 부족 문제가 발생할 수 있습니다. 이런 경우 스와핑을 사용하여 일부 데이터 또는 프로세스를 보조기억 장치로 이동해 공간을 확보합니다.

- **프로세스 전환**: 멀티태스킹 환경에서 여러 프로세스가 동시에 실행될 때, 프로세스 상태 전이가 발생합니다. 이때 현재 실행 중인 프로세스의 상태가 보조기억 장치에 저장될 수 있습니다. 물론 상태 정보는 주기억 장치에 저장될 수도 있습니다.

그럼 스와핑은 어떤 방식으로 이루어질까요? 스와핑에서는 다음과 같이 스왑인과 스왑아웃을 통해 프로세스(데이터)가 이동됩니다.

▼ **그림 16-7** 스와핑

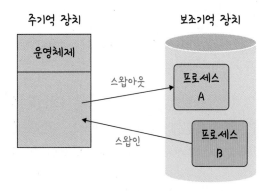

스왑인(swap in)은 보조기억 장치에 있는 프로세스 또는 데이터를 주기억 장치로 가져오는 과정입니다. 프로세스가 다시 실행되거나 CPU가 데이터에 접근해야 할 때 발생합니다.

스왑아웃(swap out)은 현재 주기억 장치에 저장되어 있는 프로세스 또는 데이터를 보조기억 장치로 이동하는 과정입니다. 메모리 부족 문제 등으로 주기억 장치 공간이 필요할 때, 운영체제는 일부 데이터나 프로세스를 스왑아웃하여 주기억 장치 공간을 확보합니다.

스왑인과 스왑아웃은 주기억 장치 공간 부족 문제를 해결하고 다중 프로세스 간 메모리를 효율적으로 관리하는 데 효율적인 방법입니다.

16.5 / 가상 메모리 관리 정책

SECTION

가상 메모리를 관리하기 위해서는 '반입 정책', '배치 정책', '교체 정책'을 사용합니다. 각 정책에 대해 하나씩 알아보겠습니다.

16.5.1 반입 정책

가상 메모리의 반입 정책은 언제(when), 어느 항목을 보조기억 장치에서 주기억 장치에 가져올 것인지 결정하는 정책입니다.

반입 정책에는 '요구 반입'과 '예측 반입'이 있습니다. 이에 대해서는 이미 캐시 메모리에서 알아봤는데, 같은 개념이라고 이해하면 됩니다. 간단히 개념만 살펴보겠습니다.

요구 반입(demand paging)은 실행 중인 프로그램에서 데이터(페이지)가 필요한 상황, 즉 프로그램에서 요구할 때 보조기억 장치에서 주기억 장치로 데이터를 가져옵니다. 이러한 방식은 주기억 장치에 실제 필요한 데이터만 가져오기 때문에 메모리 효율성을 높일 수 있는 장점이 있습니다.

예측 반입(prepaging)은 실행 프로그램이 참조할 것을 예측하여 보조기억 장치에서 주기억 장치로 미리 데이터(페이지)를 가져옵니다. 요구 반입과 달리, 예측 반입은 현재 필요한 페이지 외에 미래에 필요할 것으로 예상되는 페이지도 추가로 가져오기 때문에 페이지 부재 확률이 낮습니다.

정리하면, 요구 반입은 페이지 부재가 발생할 때만 페이지를 주기억 장치로 가져와 메모리를 효율적으로 사용하는 방법이고, 예측 반입은 미래의 페이지 부재를 줄여서 성능을 향상시키는 방법입니다.

16.5.2 배치 정책

배치 정책은 프로그램의 한 블록을 주기억 장치의 어디(where)에 배치할 것인지 관리하는
정책입니다.

배치 정책으로는 다음과 같이 first fit, worst fit, best fit, 세 방법이 있습니다.

▼ **그림 16-8** 배치 정책

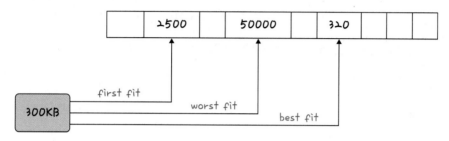

first fit(첫 번째 적합)은 사용할 수 있는 주기억 장치 공간 중에서 처음으로 맞는 공간에 페
이지를 배치하는 정책입니다. 이 정책은 가장 빠르게 사용할 수 있는 공간을 찾아 페이지
를 할당하는 것이 장점이지만 공간이 낭비될 수 있습니다.

worst fit(최악 적합)은 사용할 수 있는 주기억 장치 공간 중에서 가장 큰 공간에 페이지를
배치하는 정책입니다. 이 방법은 말 그대로 최악의 배치 정책이므로 잘 사용하지는 않지
만 페이지를 할당할 마땅한 공간이 없으면 사용해야 합니다.

best fit(최적 적합)은 사용할 수 있는 주기억 장치 공간 중에서 페이지와 가장 근접한 크기
에 페이지를 배치하는 정책입니다. 이 정책은 메모리 공간을 최대한 효율적으로 활용할
수 있으며 공간 낭비를 최소화합니다. 그러나 필요한 공간과 유사한 크기를 찾는 데 시간
이 걸릴 수 있습니다.

이러한 가상 메모리 배치 정책은 메모리 관리의 효율성, 성능 및 주기억 장치 사용에 영향
을 미칩니다.

16.5.3 교체 정책

교체 정책은 주기억 장치에 적재할 공간이 없을 경우 보조기억 장치로 무엇(what)을 교체할 것인지 관리하는 정책입니다.

다음과 같은 방법이 있는데, 이미 1부에서 자세히 배웠기 때문에 여기서는 간단히 정의만 재언급하겠습니다.

- LRU(Least Recently Used): 최근 사용하지 않은 페이지를 교체합니다.
- FIFO(First In First Out): 메모리에 먼저 들어온 페이지를 교체합니다.
- LFU(Least Frequently Used): 가장 적게 사용한 페이지를 교체합니다.
- random: 무작위로 페이지를 교체합니다. 이는 예측이나 우선순위 없이 무작위로 페이지를 선택하여 스왑아웃하는 방식입니다.

다양한 교체 정책이 있는데 '어떤 것이 좋다'고 단정지어 이야기할 수는 없습니다. 프로그램의 성격에 따라 참조하는 데이터가 다르기 때문이죠. 하지만 너무 고민할 필요는 없습니다. 이것 역시 운영체제에 의해 자동으로 이루어지니까요.

16.6 스레싱

SECTION

스레싱(thrashing)은 운영체제에서 발생하는 문제로, 시스템이 대부분의 시간을 페이지 교체 작업에 소비하여 실제 유용한 작업을 거의 수행하지 못하는 상태를 가리킵니다. 이 현상은 프로세스가 요구하는 메모리가 실제 주기억 장치보다 많을 때 주로 발생합니다.

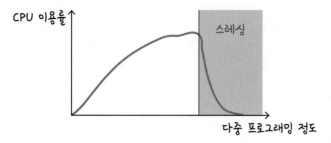
▼ 그림 16-9 스레싱

스레싱이 왜 발생하는지 어떻게 해결하는지, 그 원인과 해결 방법에 대해 알아보겠습니다.

16.6.1 스레싱 발생 원인과 문제점

스레싱이 발생하는 상황은 몇 가지가 있습니다.

먼저 과도한 멀티태스킹 환경에서 스레싱이 발생할 수 있습니다. 시스템에서 동시에 너무 많은 프로세스가 실행되면 각각에 할당된 메모리가 부족해질 수 있는데, 이때 스레싱이 발생하는 것이죠. 또한 프로세스에 필요한 데이터가 주기억 장치에 없기 때문에 보조기억 장치에서 지속적으로 데이터(페이지)를 가져와야 하는 상황이 반복되면 스레싱이 발생할 수 있습니다.

이렇게 스레싱이 자주 발생하면 어떤 문제점이 발생할까요?

CPU가 프로세스 작업을 처리하는 대신, 메모리와 보조기억 장치 간 데이터 전송에 대부분의 시간을 소비하기 때문에 CPU 이용률이 현저하게 떨어질 수 있습니다. 뿐만 아니라 CPU 자원이 페이지 교체와 같은 비생산적인 작업에 소비되어, 실제로 유용한 작업에는 사용되지 않기 때문에 전반적인 시스템 성능이 저하될 수 있습니다.

따라서 시스템 성능을 저하시킬 수 있는 스레싱 문제는 반드시 해결해야 합니다. 어떻게 해결할 수 있는지 이어서 알아봅시다.

16.6.2 스레싱 해결 방법

스레싱을 해결하기 위해 사용하는 방법에는 '워킹셋'과 'PFF'가 있습니다. 먼저 워킹셋에 대해 알아보겠습니다.

워킹셋

워킹셋(working-set)은 시간 지역성을 이용하여 프로세스가 많이 참조하는 페이지를 집합(워킹셋)으로 구성한 후 주기억 장치 공간에 계속 상주시켜 빈번한 페이지 교체를 줄이는 방법입니다.

예를 들어, 다음 그림과 같이 프로세스에서 참조된 페이지 중 특정 구간(w)에 {c, a, a, c, c, c, d, d, e}가 있는데, 이 중 a, c, d가 두 번 이상 참조된 페이지입니다(e는 하나만 참조되어서 제외됩니다). 따라서 {a, c, d}가 워킹셋이 됩니다.

▼ 그림 16-10 워킹셋

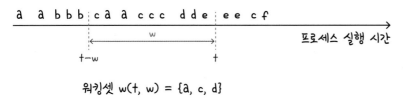

워킹셋을 이용하면 다음 그림과 같이 필요한 데이터가 주기억 장치에 계속 상주해 있으므로 페이지 교체 빈도를 줄일 수 있습니다.

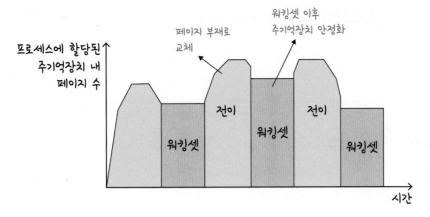

▼ **그림 16-11** 워킹셋 이후 주기억 장치의 안정화

PFF

또 다른 스레싱 해결 방법인 PFF(Page Fault Frequency)는 페이지 부재의 상한값과 하한값을 결정한 후 프레임 개수를 조정하여 관리하는 기법입니다.

이때 프레임 개수를 조정하는 방법은 다음과 같습니다.

- 페이지 부재율 〉상한값이면 프레임 추가 할당
- 페이지 부재율 〈하한값이면 프레임 유지 혹은 회수

즉, 다음과 같이 동적으로 페이지를 추가하거나 회수함으로써 적정한 프레임을 유지하는 방법입니다.

▼ **그림 16-12** PFF

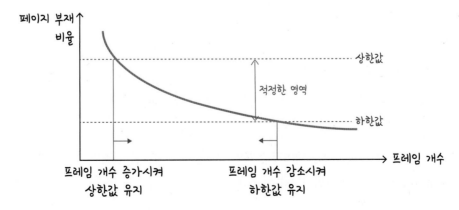

PFF를 통해 시스템은 필요한 메모리 자원을 프로세스에 동적으로 할당함으로써 스레싱을 방지하며 전반적인 시스템 성능을 개선할 수 있습니다.

16.7 핵심 요약

1. 가상 메모리는 주기억 장치와 보조기억 장치를 함께 사용하여 메모리 용량을 확장하는 기법입니다.

2. 스왑 메모리는 주기억 장치의 한계를 극복하기 위해 보조기억 장치(하드 디스크 또는 SSD) 공간을 메모리로 사용하는 것을 의미합니다.

3. 페이지 부재란 가상 메모리에서 발생하는 상황으로, 현재 실행 중인 프로세스에 필요한 페이지가 주기억 장치에 없을 때 발생합니다.

4. 스와핑은 주기억 장치와 보조기억 장치 간에 데이터 또는 프로세스를 전송하는 메모리 관리 기술입니다.

5. 배치 정책은 프로그램의 한 블록을 주기억 장치의 어디(where)에 배치할 것인지 관리하는 정책입니다.

6. 교체 정책은 주기억 장치에 적재할 공간이 없을 경우 보조기억 장치로 무엇(what)을 교체할 것인지 관리하는 정책입니다.

7. 스레싱은 운영체제에서 발생하는 문제로, 시스템이 대부분의 시간을 페이지 교체 작업에 소비하여 실제 유용한 작업을 거의 수행하지 못하는 상태를 가리킵니다.

8. 워킹셋은 시간 지역성을 이용하여 프로세스가 많이 참조하는 페이지를 집합(워킹셋)으로 구성한 후 주기억 장치 공간에 계속 상주시켜 빈번한 페이지 교체를 줄이는 방법입니다.

9. PFF(Page Fault Frequency)는 페이지 부재의 상한값과 하한값을 결정한 후 프레임 개수를 조정하여 관리하는 기법입니다.

1. 페이지 부재를 (   )(이)라고도 부릅니다.

2. (   )은/는 보조기억 장치에 있는 프로세스 또는 데이터를 주기억 장치로 가져
   오는 과정입니다.

3. (   )은/는 현재 주기억 장치에 저장되어 있는 프로세스 또는 데이터를 보조기
   억 장치로 이동하는 과정입니다.

4. (   )은/는 언제(when), 어느 항목을 보조기억 장치에서 주기억 장치에 가져올
   것인지 결정하는 정책입니다.

5. (   )은/는 실행 중인 프로그램에서 데이터가 필요한 상황, 즉 프로그램에서
   요구할 때 보조기억 장치에서 주기억 장치로 데이터를 가져옵니다.

6. (   )은/는 실행 프로그램이 참조할 것을 예측하여 보조기억 장치에서 주기억
   장치로 미리 데이터를 가져오는 기법입니다.

7. (   )은/는 메모리에 먼저 들어온 페이지를 교체하는 방법입니다.

정답
1. 페이지 폴트   2. 스왑인   3. 스왑아웃   4. 반입 정책   5. 요구 반입   6. 예측 반입   7. FIFO

파일 시스템이란
무엇인가요?

파일 시스템은 컴퓨터에서 데이터를 저장하고 관리하는 중요한 역할을 합니다. 마지막으로 파일 시스템에 대해 자세히 알아보겠습니다.

17.1 파일 시스템과 디렉터리 구조

SECTION

파일 시스템은 무엇이며 파일 시스템에 의해 디렉터리가 어떻게 관리되는지 알아보겠습니다.

17.1.1 파일 시스템이란?

파일 시스템(file system)은 파일을 저장하고 찾는 방법을 정의하는 규칙이자 구조입니다. 아직 파일 시스템이 어떤 역할을 하는지 이해할 수 없다면 다음 과정을 통해서 눈으로 확인해 볼까요?

윈도우 탐색기에서 '내 PC'에 마우스 우측 버튼을 클릭한 후 '관리'를 선택합니다.

▼ **그림 17-1** 내 PC에서 관리 선택

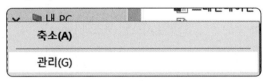

이후 왼쪽 메뉴에서 저장소 > 디스크 관리를 선택합니다.

▼ 그림 17-2 디스크 관리 선택

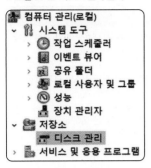

그러면 다음과 같이 각 드라이브에 대한 파일 시스템을 확인할 수 있습니다. 그림에서는 C, D, E라는 볼륨이 있고, 각각은 NTFS라는 파일 시스템을 사용합니다.

▼ 그림 17-3 파일 시스템 확인

볼륨	레이아웃	형식	파일 시스템	상태
(디스크 0 파티션 1)	단순	기본		정상 (EFI 시스템 파티션)
(디스크 0 파티션 5)	단순	기본		정상 (복구 파티션)
Data (E:)	단순	기본	NTFS	정상 (페이지 파일, 기본 데이터 파티션)
RECOVERY (D:)	단순	기본	NTFS	정상 (기본 데이터 파티션)
Windows (C:)	단순	기본	NTFS	정상 (부팅, 크래시 덤프, 기본 데이터 파티션)

파일 시스템은 운영체제의 일부로, 데이터를 효율적으로 저장하고 접근할 수 있는 구조와 규칙을 제공합니다. 따라서 파일 시스템은 운영체제의 유형에 따라 다릅니다.

그림에서도 확인했듯이 윈도우 운영체제의 파일 시스템은 FAT32(File Allocation Table 32-bit), NTFS(New Technology File System)이며, 유닉스/리눅스의 파일시스템은 ext3, ext4(Fourth Extended Filesystem 4)입니다. 또한 애플 운영체제의 파일 시스템은 APFS(Apple File System)입니다.

운영체제별로 많이 사용하는 파일 시스템을 정리하면 다음과 같습니다.

파일 시스템	설명
NTFS	윈도우에서 가장 널리 사용되는 파일 시스템으로 향상된 보안, 데이터 복구, 대용량 파일 지원 등을 제공
ext4	리눅스에서 가장 널리 사용되는 파일 시스템으로 대용량 파일 시스템 지원, 파일 시스템 크기 조정 등을 제공
APFS	macOS와 iOS 10.3부터 도입된 애플의 파일 시스템으로 향상된 성능, 더 나은 데이터 무결성, 시간 기반 스냅샷[1] 등을 제공

바로 이어서 파일 시스템이 관리하는 파일 및 폴더를 포함하는 디렉터리 구조에 대해 알아보겠습니다.

17.1.2 디렉터리 구조

파일 시스템에 따라서 디렉터리 구조도 다릅니다. 각 운영제제에서 사용하는 파일 시스템에 따라 디렉터리가 어떻게 다른지 확인해 봅시다.

먼저 윈도우는 다음과 같은 디렉터리 구조를 갖습니다. 평소에 관심이 없었더라도 탐색기에서 한 번은 본 적이 있을 것입니다.

▼ 표 17-2 윈도우 디렉터리 구조

디렉터리	설명
Windows	운영체제의 핵심 파일과 시스템 파일이 저장되는 디렉터리(예 시스템 구성 파일, 시스템 라이브러리, 드라이버 등)
Program Files	응용 프로그램이 설치되는 기본 디렉터리
Users	사용자의 개인 파일과 설정을 저장하는 디렉터리
ProgramData	모든 사용자가 사용할 수 있는 응용 프로그램 데이터를 저장하는 디렉터리

그럼 이번에는 유닉스/리눅스의 디렉터리 구조에 대해 알아볼까요?

---

1   특정 시점에서의 파일 시스템이나 데이터베이스의 상태를 캡처하고 저장하는 기술

유닉스/리눅스에서 사용하는 파일 시스템은 다음 그림과 같이 계층 구조로 디렉터리를 관리합니다. 흔히 볼 수 있는 디렉터리는 다음 그림과 같습니다.

▼ **그림 17-4** 유닉스/리눅스 디렉터리 구조

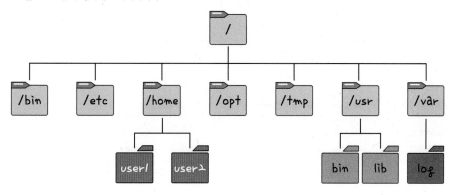

그리고 각 디렉터리는 다음과 같은 용도로 사용합니다.

▼ **표 17-3** 유닉스/리눅스 디렉터리 구조

항목	설명
/	루트 디렉터리(최상위 디렉터리)
/bin	시스템 운영에 필수적인 기본 명령어를 포함
/etc	시스템의 중요한 구성 파일을 한곳에 모아 관리 **예** • /etc/passwd: 사용자 계정 정보를 포함하는 파일 • /etc/fstab: 시스템 부팅 시 자동으로 마운트[2]할 저장 장치와 파일 시스템의 목록을 담고 있는 설정 파일 • /etc/hosts: 호스트 이름과 IP 주소의 매핑 정보를 포함하는 파일
/home	시스템에 있는 사용자 계정별로 하위 디렉터리를 생성(**예** 사용자 joo의 홈 디렉터리는 /home/joo)
/opt	표준 시스템 관리 패키지에 의해 관리되지 않는 애플리케이션 또는 추가 소프트웨어가 설치되는 장소
/tmp	프로그램이 실행 중에 필요한 임시 파일을 저장
/usr	사용자 관련 프로그램, 라이브러리, 문서 등을 저장하는 데 사용하므로 하위에 /bin이나 /lib 폴더가 있음. 특히 /usr 디렉터리는 읽기 전용으로 설정되며, 시스템 관리자만 이 디렉터리를 변경할 수 있음
/var	주로 변동성이 있는 데이터(즉, 자주 변경되는 데이터)를 저장

---

2 저장 장치나 파일 시스템을 운영체제가 사용할 수 있도록 연결하는 과정

마지막으로 macOS의 파일 시스템은 유닉스/리눅스의 디렉터리 구조와 유사합니다. 디렉터리 구조를 대표적인 항목 위주로 표현하면 다음 그림과 같습니다.

▼ **그림 17-5** macOS 디렉터리 구조

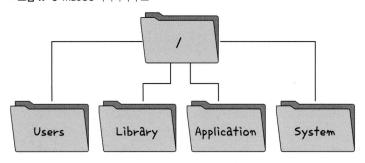

각 항목에 대한 설명은 다음 표를 참조하세요.

▼ **표 17-4** macOS 디렉터리 구조

디렉터리	설명
/(root)	시스템의 모든 파일의 최상위 디렉터리
Users	사용자의 홈 디렉터리로서, 여기에는 '문서(Documents)', '다운로드(Downloads)', '음악(Musics)', '사진(Pictures)' 등 개인 데이터를 저장하는 하위 디렉터리가 존재
Library	시스템 또는 설치된 애플리케이션에 의해 공유되는 파일, 설정, 리소스 등을 저장
Application	설치된 애플리케이션을 저장
System	시스템 파일과 소프트웨어를 포함

여기까지 운영체제별 파일 시스템 및 디렉터리 구조에 대해 알아봤습니다. 바로 이어서 파일 시스템 구조에 대해 알아볼 텐데, 여기에서는 유닉스/리눅스 파일 시스템 위주로 살펴보겠습니다. 윈도우, macOS는 친숙하지만 유닉스/리눅스는 평소에 접해 볼 기회가 많지 않기 때문에 집중적으로 살펴보고자 합니다.

17.2 / 파일 시스템 구조와 i-node
SECTION

유닉스/리눅스 파일 시스템은 하드 디스크를 분할하는 것에서 시작하는데요. 그럼 하드 디스크를 어떻게 분할해서 관리하는지 그 구조에 대해 알아보겠습니다.

17.2.1 파일 시스템 구조

유닉스/리눅스 파일 시스템을 윈도우와 비교해서 알아보겠습니다. 우리가 잘 알고 있는 윈도우와 비교하면 이해가 빠를 테니까요. 그러기 위해 앞에서 살펴봤던 그림 17-3을 다시 가져와 볼까요?

이번에 볼 것은 파일 시스템이 아니라 볼륨입니다. 다음 그림에서 볼륨에 C:, D:, E:라는 볼륨이 보입니다. 일반적으로 C드라이브, D드라이브라고 부릅니다.

▼ 그림 17-6 볼륨 확인

볼륨	레이아웃	형식	파일 시스템	상태
(디스크 0 파티션 1)	단순	기본		정상 (EFI 시스템 파티션)
(디스크 0 파티션 5)	단순	기본		정상 (복구 파티션)
Data (E:)	단순	기본	NTFS	정상 (페이지 파일, 기본 데이터 파티션)
RECOVERY (D:)	단순	기본	NTFS	정상 (기본 데이터 파티션)
Windows (C:)	단순	기본	NTFS	정상 (부팅, 크래시 덤프, 기본 데이터 파티션)

이 용어를 유닉스/리눅스에서는 파티션이라고 합니다(물론 윈도우에서도 파티션이라는 용어를 사용하기도 합니다). 즉, 파티션(partition)이란 다음 그림과 같이 하드 디스크 한 덩어리를 논리적으로 분할한 것을 말합니다.

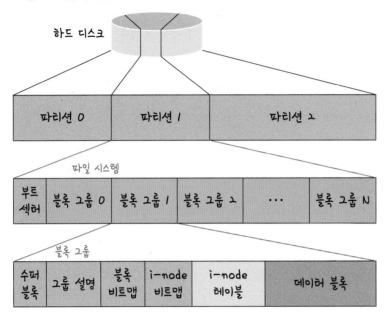

그리고 각 파티션에는 파일 시스템이 있습니다. 또다시 윈도우와 비교하기 위해 그림 17-3을 다시 가져오겠습니다. 이번에는 볼륨과 파일 시스템을 같이 봐 주세요. 볼륨마다 파일 시스템이 존재하죠?

▼ 그림 17-8 볼륨과 파일 시스템 확인

볼륨	레이아웃	형식	파일 시스템	상태
(디스크 0 파티션 1)	단순	기본		정상 (EFI 시스템 파티션)
(디스크 0 파티션 5)	단순	기본		정상 (복구 파티션)
Data (E:)	단순	기본	NTFS	정상 (페이지 파일, 기본 데이터 파티션)
RECOVERY (D:)	단순	기본	NTFS	정상 (기본 데이터 파티션)
Windows (C:)	단순	기본	NTFS	정상 (부팅, 크래시 덤프, 기본 데이터 파티션)

그림 17-7에서 확인했듯이, 유닉스/리눅스 파일 시스템인 ext3, ext4에서는 블록 그룹이라는 개념을 사용합니다. 블록 그룹은 파일 시스템 내 블록들을 여러 그룹으로 나누어 관리하는 방식입니다. 여기서 블록(block)은 파일 시스템에서 데이터를 저장하는 기본 단위를 의미합니다.

그리고 블록 그룹은 수퍼 블록, 그룹 설명, 블록 비트맵, i-node 비트맵, i-node 테이블, 데이터 블록 등으로 구성되는데요. 각 개념에 대해서는 다음 표를 참조하세요.

▼ 표 17-5 블록 그룹에 대한 설명

항목	설명
슈퍼블록(superblock)	파일 시스템의 전반적인 정보를 저장하는 블록
그룹 설명(group descriptor)	각 블록 그룹의 메타데이터[3]가 저장
블록 비트맵(block bitmap)	블록 그룹 내에서 사용 가능하거나 사용 중인 블록을 추적
i-node 비트맵(i-node bitmap)	블록 그룹 내 i-node의 할당 상태를 추적
i-node 테이블(i-node table)	파일과 디렉터리의 메타데이터를 저장하는 i-node의 집합
데이터 블록(data block)	실제 파일 데이터가 저장되는 영역

정리하면, 데이터 블록에 데이터를 저장하기 위해 다수의 정보(블록 비트맵, i-node 테이블 등)를 포함한다고 할 수 있겠네요.

i-node라는 용어가 계속 등장하는데요. 바로 이어서 i-node에 대해 좀 더 자세히 알아보겠습니다.

17.2.2 i-node

i-node(index node, 아이노드라고 읽습니다)는 유닉스나 리눅스 같은 운영체제에서 파일이나 디렉터리에 대한 메타데이터를 저장하는 데 사용합니다. 그래서 i-node의 핵심은 i-node 테이블입니다. 여기에는 모든 i-node에 대한 정보를 담고 있으니까요.

i-node 테이블에는 파일 및 디렉터리에 대한 메타데이터가 저장되어 있다고 했는데요. 그 정보는 다음과 같습니다.

---

3 데이터에 대한 데이터로, 다른 데이터의 내용, 형식, 특성 등을 설명하는 정보

정보	설명
파일 유형	파일이 일반 파일인지, 디렉터리인지, 또는 다른 특별한 유형인지에 대한 정보
권한과 소유자	파일의 접근 권한(읽기, 쓰기, 실행)과 파일을 소유한 사용자 및 그룹에 대한 정보
파일 크기	파일이 차지하는 공간의 크기
타임스탬프	파일이 마지막으로 사용되거나 수정된 시간
데이터 위치	실제 파일 데이터가 저장된 위치를 가리키는 포인터

정리하면, 디렉터리는 파일 시스템 내에서 하나의 파일로 간주되며, 그 메타데이터는 i-node에 저장됩니다. 즉, 디렉터리의 i-node에는 해당 디렉터리의 속성 정보가 담겨 있습니다. 또한, 해당 디렉터리가 어떤 i-node에 저장되어 있는지 식별해야 할 필요가 있는데, 그 식별 정보가 i-number입니다. 다음 그림과 같이 i-number가 디렉터리에 포함되어 있지요? 이 정보는 i-node 테이블에서 인덱스로 가능합니다.

지금까지 배운 디렉터리와 i-node에 대한 관계를 그림으로 표현하면 다음과 같습니다.

▼ 그림 17-9 i-node에 포함된 정보

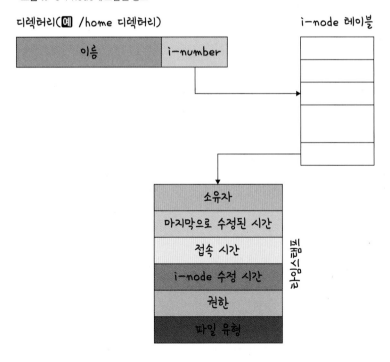

i-node의 주소 관리

i-node의 주소 관리에 대해 더 알아볼 텐데요. 이때 주소란 데이터가 실제로 저장된 물리적 또는 논리적 위치를 가리키는 데이터 블록의 주소를 의미합니다. 따라서 주소 관리란 파일 시스템 내에서 실제 데이터가 저장된 물리적 또는 논리적 위치를 찾는 방법과 관련이 있습니다.

i-node의 주소 관리는 다음과 같이 직접 포인터, 간접 포인터를 사용하는 방법이 있습니다.

- **직접 포인터(direct pointer)**: 파일의 데이터 블록을 직접 가리키는 주소를 저장합니다. 직접 주소 지정 방식과 유사합니다.
- **간접 포인터(indirect pointer)**: 직접적으로 i-node 내에 데이터를 저장하지 않고 간접적으로 참조하는 방법으로, 간접 주소 지정 방식과 유사합니다.

그리고 **이중 간접 포인터(double indirect pointer)**와 **삼중 간접 포인터(triple indirect pointer)**는 간접 포인터를 한 단계 더 확장한 것입니다.

▼ **그림 17-10** 주소 방식

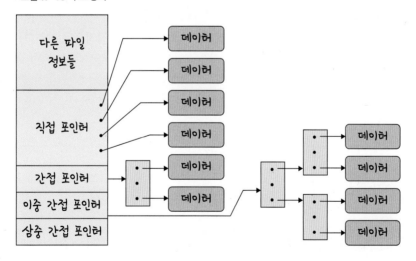

정리하면 i-node의 주소 관리는 데이터를 저장하는 데 사용하는 블록의 위치 정보를 관리하는 것을 의미합니다. 이는 파일 시스템이 데이터에 접근하고, 파일을 효율적으로 저장하고 관리할 수 있게 하는 핵심 기능입니다.

지금까지 컴퓨터 구조와 운영체제에 대해 알아봤습니다. 어떤 부분은 충분히 이해되었을 것이고 어떤 부분은 이해가 안 되었을 수 있습니다. 파이썬처럼 결과를 바로바로 확인할 수 있는 분야가 아니다 보니 이해하기 쉽지 않을 수 있습니다. 이해되지 않는 부분은 이해될 때까지, 혹은 몇 번이라도 되풀이하여 읽다 보면 어느 순간 이해될 것입니다.

17.3 핵심 요약
SECTION

1. 파일 시스템은 파일을 저장하고 찾는 방법을 정의하는 규칙이자 구조입니다.

2. 블록은 파일 시스템에서 데이터를 저장하는 기본 단위를 의미합니다.

3. i-node(index node)는 유닉스나 리눅스 같은 운영체제에서 파일이나 디렉터리에 대한 메타데이터를 저장하는 데 사용합니다.

4. 직접 포인터는 파일의 데이터 블록을 직접 가리키는 주소를 저장합니다.

5. 간접 포인터는 직접적으로 i-node 내에 데이터를 저장하지 않고 간접적으로 참조하는 방법입니다.

17.4 확인 문제
SECTION

1. 윈도우에서 사용하는 파일 시스템은 (   )와/과 (   )이/가 있습니다.

2. 유닉스/리눅스에서 사용하는 파일 시스템은 (   )와/과 (   )이/가 있습니다.

3. (　　　　)은/는 유닉스/리눅스에서 시스템 운영에 필수적인 기본 명령어를 포함하는 디렉터리입니다.

4. (　　　　)은/는 유닉스/리눅스에서 사용자 관련 프로그램, 라이브러리, 문서 등을 저장하는 디렉터리입니다.

5. 유닉스/리눅스에서 (　　　　)은/는 하드 디스크 한 덩어리를 논리적으로 분할한 것을 말합니다.

6. 유닉스/리눅스에서 (　　　　)은/는 파일 시스템의 전반적인 정보를 저장하는 블록입니다.

7. 유닉스/리눅스에서 각 i-node를 고유하게 식별하는 번호를 (　　　　)(이)라고 합니다.

정답

1. NTFS, FAT32　2. ext3, ext4　3. /bin　4. /usr　5. 파티션　6. 수퍼 블록　7. i-number